ACCESO GRATIS *a la Lectura en la Nube*

AF237907

Para visualizar el libro electrónico en la nube de lectura envíe junto a su nombre y apellidos una fotografía del código de barras situado en la contraportada del libro y otra del ticket de compra a la dirección:

ebooktirant@tirant.com

En un máximo de 72 horas laborales le enviaremos el código de acceso con sus instrucciones.

© TIRANT LO BLANCH
   EDITA: TIRANT LO BLANCH
   C/ Artes Gráficas, 14 - 46010 - VALENCIA
   TELFS.: 96/361 00 48 - 50
   Fax: 96/369 41 51
   Email: tlb@tirant.com
   www.tirant.com
   Librería Virtual: www.tirant.es
   DEPOSITO LEGAL: V-3521-2025
   ISBN: 979-13-7021-158-5
   MAQUETA E IMPRIME: Tink Factoría de Color , S.L.

Si tiene alguna queja o sugerencia, envíenos un mail a: atencioncliente@tirant.com.
En caso de no ser atendida su sugerencia, por favor, lea nuestro procedimiento de quejas en:
www.tirant.net/index.php/empresa/politicas-de-empresa

Responsabilidad Social Corporativa
http://www.tirant.net/Docs/RSCTirant.pdf

Guía de Apoyo para la Elaboración de tu Trabajo Fin de Grado

designed by **freepik**

Un Enfoque Práctico y Accesible

Coordinación

Enric Sigalat Signes

María Jesús Berlanga Adell

Angel Joel Méndez López

Departamento de Trabajo Social y Servicios Sociales

(Universitat de València)

Datos de la coordinadora y de los coordinadores

ENRIC SIGALAT SIGNES enrique.sigalat@uv.es

ORCID: https://orcid.org/0000-0001-8146-0532

Doctor en Sociología. Profesor del Departamento de Trabajo Social y Servicios Sociales de la Universitat de València. Investigador del Instituto Interuniversitario de Desarrollo Local de la Universitat de València.

MARÍA JESÚS BERLANGA ADELL m.jesus.berlanga@uv.es

ORCID: http://orcid.org/0000-0001-8805-9127

Doctora en Cooperación al Desarrollo. Licenciada en Antropología Social y Cultural. Graduada en Trabajo Social. Profesora del departamento de Trabajo Social y Servicios Sociales de la Universidad de Valencia. Miembro de InMIDE, Grupo de Investigación en Migración y Procesos de Desarrollo.

ANGEL JOEL MÉNDEZ LÓPEZ menanjo@uv.es, oelopez1975@yahoo.es

ORCID: http://orcid.org/0000-0001-6587-580X

Doctor en Cooperación al Desarrollo y Doctor en Ciencias Sociales. Profesor de la Universitat de València, Departamento de Trabajo Social y Servicios Sociales. Investigador del Instituto Interuniversitario de Desarrollo Local de la Universitat de València.

ÍNDICE

CAPÍTULO 1. INTRODUCCIÓN Y NOTA DE LAS PERSONAS COORDINADORAS

Enric Sigalat Signes, Angel Joel Méndez López y María Jesús Berlanga Adell

Departamento de Trabajo Social y Servicios Sociales (Universitat de València)

El trabajo que te presentamos es fruto de una coordinación desarrollada a partir de la experiencia docente del profesorado participante y de la revisión documental que se ha venido llevando a cabo durante los últimos años. Las profesoras y los profesores que comparten este manual docente, han participado activamente y/o han coordinado la asignatura Trabajo Final de Grado en la Universidad de Valencia durante los últimos años.

Ante la ausencia de un manual específico en el Grado de Trabajo Social de la Universidad de Valencia, que sirviera de apoyo al estudiantado en el desarrollo de esta asignatura clave del último curso, los autores y autoras participantes decidimos darle forma documental a nuestra experiencia. Recopilamos y organizamos de manera detallada una serie de indicaciones que convierten este texto en una guía sobre las características, el contenido y los aspectos formales del TFG.

Este material está especialmente orientado a la práctica docente y ha sido diseñado para su aplicación en la asignatura de Trabajo de Fin de Grado. Asimismo, resulta idóneo para ti, como alumno/a del Grado en Trabajo Social, así como de otras disciplinas afines impartidas en la Universitat de València.

Concebido para ti, estimada y estimado estudiante, cada capítulo sigue un proceso secuencial en formato de guía, que abarca desde aspectos generales —como la elección del tema— hasta la presentación y defensa oral del TFG que realizarás. Además, se incluyen diversos ejercicios prácticos que integran los contenidos tratados con actividades orientadas al desarrollo y aplicación de las competencias adquiridas.

El texto tiene como objetivo introducirte en las tareas necesarias para elaborar un proyecto de investigación o de intervención, que culminará con la redacción del informe final y su posterior presentación y defensa. Se recogen numerosos consejos basados en la experiencia del profesorado y en años de tutorías y retroalimentación con todas las partes implicadas en el proceso, con el fin de orientar y acompañarte en todo el proceso.

Asimismo, también aspira a ser una herramienta útil para el tutor o tutora del TFG, en su labor de orientar y acompañarte, ya que eres tú quien naturalmente, debes asumir un papel activo y ser el (la) principal interesado o interesada en el éxito de tu proyecto.

El TFG se materializa en la elaboración de un documento escrito y una exposición oral, que normalmente será evaluado por un tribunal académico. Por ello, una presentación —tanto escrita como oral— que sea clara, estructurada y rigurosa, resulta fundamental para poner en valor un tema relevante y una metodología correctamente aplicada. Los proyectos de investigación o de intervención en Trabajo Social requieren, además del manejo de herramientas fundamentales como la estadística, la búsqueda documental o la informática, etcétera, también un sólido dominio de la disciplina en la que se enmarca tu trabajo.

Habitualmente, la página web de la Facultad y el aula virtual ofrecen información detallada sobre los requisitos formales de tu TFG, así como sobre el procedimiento administrativo necesario para su depósito. En este sentido, debes seguir las indicaciones allí establecidas. Sin embargo, más allá de la guía docente de la asignatura, no siempre se dispone de normas claras ni de contenidos más desarrollados que te orienten de forma integral a lo largo de todo el proceso.

Esta falta de referencias concretas puede generarte ansiedad y desconcierto, especialmente en relación con cuestiones clave como: ¿qué tema puedes elegir?, ¿cómo asegurar una revisión bibliográfica adecuada de tu parte?, ¿qué metodología debes utilizar para la recogida de datos?, ¿cómo debes analizar e interpretar los resultados?, ¿cómo debes redactar el documento final?, y, finalmente, ¿cómo puedes afrontar, con confianza, la defensa oral del trabajo desarrollado durante meses?

Anticipar la respuesta a este tipo de preguntas te puede ayudar a evitar la frustración y parte de la angustia que generalmente provoca enfrentarse a un trabajo académico de este tipo o similar. Consideramos que conocer de antemano las etapas a seguir en la elaboración del TFG, así como los pasos del proceso administrativo necesario, te permitirá prevenir contratiempos y minimizar posibles conflictos. El éxito en la elaboración de tu TFG depende de la capacidad que logres para gestionar tanto los contenidos como el proceso y, en este sentido, este trabajo busca facilitarte el desarrollo de dicha capacidad.

En ningún caso se trata de un texto que pretende sustituir los cursos ni los manuales especializados en metodología de la investigación o de intervención, a los que deberás recurrir para tener éxito en tu tarea académica. Nada está más lejos de nuestra intención. Aunque partimos de una perspectiva metodológica amplia, contextualizada en el análisis de la realidad social, la cual influye inevitablemente en el abordaje de los temas tratados en este texto, te remitimos (tanto en la metodología cuantitativa como cualitativa) a las diversas asignaturas del Grado en Trabajo Social en las que se imparten estos contenidos, así como los excelentes manuales y libros que existen sobre el tema. Además, en las referencias bibliográficas te proporcionamos algunos libros y manuales destacados que pueden resultarte de gran utilidad, tanto en la metodología de la investigación como en la intervención.

Para concluir, deseamos expresar nuestro más sincero agradecimiento al profesorado participante por el valioso esfuerzo de revisión bibliográfica realizado en la elaboración de este texto, pues el principal objetivo ha sido apoyarte y orientarte en la asignatura mencionada que resulta de gran importancia para continuar con tu formación, contribuyendo a consolidar los conocimientos que has adquirido a lo largo de la carrera y a fortalecer tanto la aplicación práctica de esos conocimientos, como tus capacidades analíticas.

CAPÍTULO 2. ELECCIÓN DEL TEMA DEL TRABAJO DE FIN DE GRADO (TFG)

Enric Sigalat Signes y Angel Joel Méndez López

Departamento de Trabajo Social y Servicios Sociales (Universitat de València)

1. INTRODUCCIÓN

El **Trabajo de Fin de Grado** (TFG) es un proyecto académico que se realiza al finalizar los estudios universitarios. Es decir, se concibe como un trabajo de curso que debes desarrollar y presentar a la Comisión de Grado correspondiente y en el formato indicado para ello, con el metaobjetivo de mostrar los contenidos formativos adquiridos, así como las habilidades vinculadas con el título de Grado pertinente.

Es decir, su objetivo principal es evaluar las competencias que has adquirido a lo largo de la carrera y demostrar la capacidad que has desarrollado para materializar un plan de investigación o de aplicación práctica, relacionado con tu área de conocimiento.

Se trata de una de las etapas clave para completar tu formación universitaria y que obtengas el título de grado. El TFG debe elaborarse de manera autónoma por tu parte, aunque contarás con la orientación de una persona tutora, que actuará como guía, dinamizadora y facilitadora de tu proceso de aprendizaje. Entonces, la labor del profesor o de la profesora académica que tutoriza tu TFG, consiste en orientarte, supervisar y revisarte las propuestas que realizas, mientras concretas tu Trabajo de Fin de Grado.

2. QUÉ ES EL TFG

El Trabajo de Fin de Grado (TFG) es una de las asignaturas más relevantes del último curso en una carrera universitaria. Consiste en un proyecto de investigación o de intervención que debes realizar, como requisito final para la obtención del título universitario al que aspiras. Este trabajo no solo te permite evaluar los conocimientos adquiridos en tu área de estudio, sino también tu capacidad para aplicar dichos conocimientos de forma práctica, reflexiva y crítica. No es baladí que, el proyecto de grado, cuente con un sentido práctico importante, ya que se centra esencialmente en la aplicación de los saberes adquiridos activamente durante tu formación.

De acuerdo con el Real Decreto 1393/2007, de 29 de octubre, por el que se establece la ordenación de las enseñanzas universitarias oficiales —modificado por el Real Decreto 861/2010, de 2 de julio—, «todas las enseñanzas oficiales de grado deben concluir con la elaboración y defensa de un trabajo de fin de grado, que debe formar parte del plan de estudios. El trabajo de fin de grado debe tener entre 6 y 30 créditos, realizarse en la fase final del plan de estudios y estar orientado a la evaluación de competencias asociadas al título».

El TFG es una asignatura obligatoria, de carácter individual, incluida en todos los planes de estudio de grado. Cada universidad establece sus propios requisitos, directrices y criterios sobre la estructura, presentación, plazos y defensa del trabajo. En este contexto, a continuación, se detallan los requisitos específicos para el Grado en Trabajo Social de la Facultad de Ciencias Sociales de la Universitat de València.

3. OBJETIVOS GENERALES DEL TFG

El Trabajo de Fin de Grado (TFG), tanto en modalidad de investigación como en la de intervención, tiene como propósito evaluar y desarrollar diversas competencias del estudiantado, tanto en el ámbito académico como profesional. A continuación, te detallamos los principales objetivos para ambas modalidades:

1. Desarrollar la capacidad de investigación y análisis (modalidad de investigación)

En la modalidad de investigación, el objetivo principal es que demuestres tu capacidad para llevar a cabo un estudio riguroso sobre un tema específico. Esto incluye la recopilación y análisis de datos, la utilización de métodos de investigación adecuados y la formulación de conclusiones claras y fundamentadas. Se valorará especialmente la capacidad que tengas para abordar un problema académico desde un enfoque crítico y reflexivo.

2. Desarrollar la capacidad de identificar y diagnosticar necesidades (modalidad de intervención)

En la modalidad de intervención, se espera que desarrolles la capacidad para diagnosticar problemas en contextos reales y diseñar intervenciones efectivas. Esto incluye identificar necesidades, analizar contextos y situaciones, y formular propuestas que tengan un impacto positivo en el entorno, la comunidad o el sector profesional al que se dirige el trabajo que realizas.

3. Aplicar los conocimientos adquiridos

El TFG tiene como objetivo que seas capaz de aplicar los conocimientos teóricos y prácticos adquiridos a lo largo de tu formación en situaciones reales. En la modalidad de investigación, esto implica que seas capaz de resolver una cuestión específica mediante el análisis de datos. En la modalidad de intervención, se busca que demuestres tu capacidad para diseñar y ejecutar proyectos que tengan un impacto concreto en el entorno, la comunidad o el sector profesional correspondiente.

4. Fomentar la capacidad de síntesis y redacción académica

Independientemente de la modalidad, el TFG exige que desarrolles la habilidad de sintetizar información y presentarla de manera clara, estructurada y coherente. La claridad conceptual es un elemento fundamental en este proceso. En ambas modalidades, se valorará la calidad de tu redacción, el manejo adecuado de las citas bibliográficas por tu parte y la capacidad que manifiestes para comunicar los resultados obtenidos de manera efectiva.

5. Desarrollar habilidades de presentación y defensa

El TFG no solo se presenta de forma escrita, sino que, en muchas universidades, también debe ser defendido oralmente ante un tribunal académico. En la defensa oral, se te evaluará la capacidad para comunicar ideas de manera clara, responder preguntas y defender el trabajo que has realizado, ya sea en términos de los resultados de la investigación o de los proyectos de intervención aplicados.

6. Promover el compromiso ético y social

Independientemente de la modalidad en que presentes tu TFG, se pone especial énfasis en la capacidad que reflejes para desarrollar proyectos que consideren el contexto ético, social y cultural donde se desarrolla tu proyecto. Por consiguiente, debes demostrar sensibilidad hacia las realidades del entorno y proponer soluciones que promuevan el bienestar, la equidad y el respeto hacia los principios éticos y profesionales de su disciplina.

4. MODALIDAD DEL TFG

Existen diferentes tipos de Trabajo de Fin de Grado (TFG) que varían según carreras e intereses. En el caso específico del Grado en Trabajo Social de la Facultad de Ciencias Sociales de la Universitat de València, puedes elegir entre dos modalidades de TFG, que te presentamos a continuación. Para una explicación más detallada y pormenorizada de cada una, así como la descripción de sus contenidos respectivos, te remitimos a las secciones correspondientes de este manual (capítulos 5 y 6), donde se desglosan según el tipo de modalidad elegida.

4.1. Modalidad TFG de investigación

En un TFG de investigación deberás realizar un estudio profundo sobre un tema específico dentro del área de estudio. Su objetivo principal es generar nuevo conocimiento o profundizar en un aspecto poco explorado de un campo determinado. El proceso incluye la formulación de una pregunta de investigación clara, la revisión de la literatura existente, la elección de la metodología adecuada, la recopilación y análisis de datos, y la presentación de conclusiones.

> Ejemplo: Un estudiante de Trabajo Social podría desarrollar un TFG sobre el uso de los teléfonos inteligentes en los estudiantes universitarios y cómo esto influye en su rendimiento académico.

4.2. Modalidad TFG de intervención

El TFG de intervención tiene un enfoque más práctico y aplicado. Su objetivo es que diseñes una intervención que resuelva o mejore una situación o problema dentro de un contexto determinado. Este tipo de trabajo es común en disciplinas como Trabajo Social, Psicología, Educación, Ciencias de la Salud y otros campos relacionados. El proceso implica identificar una necesidad social, realizar un diagnóstico adecuado de la situación, diseñar una estrategia de intervención, implementarla y evaluar los resultados obtenidos.

Ejemplo: Un estudiante de Trabajo Social podría desarrollar un TFG en el que diseñe un programa de intervención destinado a mejorar la integración social de jóvenes en riesgo de exclusión.

Finalmente, con independencia de la modalidad que elijas, conviene destacar que el TFG constituye una de las asignaturas más desafiantes y significativas del itinerario universitario. A través de su desarrollo, debes poner de manifiesto tu capacidad para investigar, analizar críticamente y aplicar los conocimientos que has adquirido a lo largo de tu formación académica. Elaborar un TFG de calidad requiere mucha dedicación y esfuerzo de tu parte; también implica una planificación rigurosa de cada fase del proceso por el que atravieses. Al mismo tiempo, constituye una valiosa oportunidad para que puedas profundizar en un tema de interés, aportando nuevos enfoques o conocimientos al ámbito de la disciplina. En este sentido, la elección del tema adquiere un papel fundamental, ya que orientará todo el proceso de trabajo que desarrolles y determinará, en gran medida, la implicación y motivación a lo largo del desarrollo de tu TFG.

5. ELEGIR EL TEMA DEL TRABAJO DE FIN DE GRADO

El TFG constituye una de las etapas más significativas de tu recorrido académico universitario, al representar la culminación del proceso formativo y permitirte la aplicación integrada de los conocimientos adquiridos a lo largo del grado. Por ello, conviene comenzar por el principio: la elección del tema. Escoger un tema adecuado resulta fundamental, ya que influye de manera decisiva en el desarrollo de tu trabajo, en el nivel de motivación personal que patentices a lo largo del proceso y, en última instancia, en la calidad del resultado final que logres alcanzar.

5.1. La importancia de elegir el tema

La elección de un tema adecuado para el Trabajo de Fin de Grado (TFG) no es una tarea sencilla. Este paso inicial resulta crucial, ya que un buen tema debe cumplir con una serie de criterios fundamentales que garanticen el éxito de tu proyecto. Entre los aspectos más relevantes a considerar se encuentran:

- *Interés personal*: Es altamente recomendable que el tema despierte tu curiosidad y motivación. Un trabajo que se desarrollará durante varias semanas o meses, resulta mucho más llevadero y enriquecedor si te sientes implicado y disfrutas del proceso.

- *Relevancia académica y social:* El tema debe estar relacionado con los contenidos y con las competencias adquiridos a lo largo del grado, y, si es posible, abordar una problemática actual que tenga impacto en la sociedad o en el ámbito profesional correspondiente.

- *Viabilidad y recursos disponibles:* No todos los temas son factibles de llevar a cabo. Es esencial que te asegures de que existen suficientes fuentes de información y que dispones del tiempo, los medios y las herramientas necesarias para desarrollar tu trabajo con rigor, profesionalidad y máxima implicación.

- *Originalidad y aportación personal:* Aunque no se espera que tu TFG genere conocimientos revolucionarios, sí es valorable que presentes un enfoque propio o abordes una perspectiva poco explorada dentro del tema elegido.

- *Claridad en los objetivos:* Definir con precisión el tema y los objetivos del trabajo te permitirán estructurar la investigación de forma coherente y obtener resultados concretos y significativos.

Tener en cuenta estos aspectos, sin duda alguna, facilita la exploración y la elección del tema para tu TFG. No obstante, también puede serte útil seguir una serie de pasos que aporten sistematicidad y claridad al proceso que desarrollas. Te los proponemos a continuación.

5.2. Reflexionar sobre los intereses personales

El primer paso consiste en identificar aquellos temas que más te han llamado la atención a lo largo del grado o que, simplemente, te resulten atractivos. Para ayudarte en esta fase inicial, puedes hacerte algunas preguntas como:

- ¿Qué asignaturas me han gustado más?

- ¿Qué temas me han resultado más interesantes en trabajos o investigaciones previas?

- ¿Hay alguna problemática social, científica o técnica, que me gustaría abordar?

- ¿Qué habilidades o conocimientos me gustaría desarrollar a través de este trabajo?

Por ejemplo, si un estudiante de Trabajo Social ha mostrado interés por la salud mental en jóvenes, podría orientar su TFG —en la modalidad de investigación— hacia un estudio sobre los efectos de las redes sociales en la ansiedad y la autoestima. O bien, siguiendo con el mismo ejemplo, podría enfocarlo en la modalidad de intervención, desarrollando una propuesta centrada en el diseño e implementación de una intervención para reducir la ansiedad y mejorar la autoestima en jóvenes afectados por el uso de redes sociales. Cabe destacar que estos ejemplos no pretenden sustituir la creatividad individual, sino servir de inspiración en el proceso reflexivo de elección del tema.

5.3. Indagar sobre el estado del conocimiento

Una vez tengas una idea general del tema, es fundamental revisar la literatura existente para comprender el estado actual del conocimiento sobre el mismo. Para ello, puedes consultar diversas fuentes, como:

- Libros y artículos científicos en bases de datos académicas como Google Scholar, Scopus o Dialnet.

- Trabajos de investigación previos, como TFG, TFM o tesis doctorales, disponibles en repositorios de universidades. Estos trabajos te permitirán conocer cómo se ha abordado el tema en investigaciones anteriores y cómo se han estructurado.

- Noticias y reportes de organismos oficiales o de personas expertas en el área, que te proporcionarán información actualizada y perspectivas relevantes.

Este paso es clave para determinar si el tema ha sido ampliamente estudiado o si existen lagunas que puedan explorarse, lo cual puede generar nuevas ideas y ayudarte a concretar aún más el enfoque del trabajo.

5.4. Revisar los temas propuestos por tu tutora/or o la universidad

Algunas universidades y departamentos ofrecen listas de temas sugeridos para los TFG. Incluso existen premios de reconocimiento al mejor TFG, auspiciados por cátedras y entidades vinculadas a las instituciones universitarias, como parte de su compromiso con la enseñanza y la investigación. Estos temas suelen armonizar con las líneas de investigación e intervención de tu facultad o departamento, lo que los convierte en una opción útil, especialmente si surgen dudas sobre qué tema elegir.

Si la facultad o el departamento proporciona una lista de temas sugeridos que resultan de tu interés, puede ser una opción a considerar. Sin embargo, siempre se recomienda discutir la viabilidad del tema con tu tutor o tutora antes de tomar una decisión final.

5.5. Delimitar el tema del TFG con la estrategia del embudo

No basta con la selección de un tema general; también es necesario que lo delimites correctamente para qué resulta viable y abordable. Esta tarea puede presentarte cierta dificultad, por lo que se te propone emplear la denominada *estrategia del embudo*, un enfoque práctico que te permite organizar la información de forma progresiva y estructurada.

El nombre de esta estrategia proviene de su lógica visual: se parte de aspectos amplios y generales, y se va afinando el enfoque hasta llegar a cuestiones más concretas y específicas. Tal como se aprecia en el ejemplo de la figura 1, la clave consiste en formular una serie de preguntas orientadoras que, al ir respondiéndolas, conducen de lo general a lo particular. El propósito final de este proceso es ayudarte a delimitar con claridad el tema del TFG y a enfocar su desarrollo de manera coherente y precisa.

Su estructura básica se puede visualizar como un embudo: 1) Inicio (amplio y general): se plantea el contexto y el problema de manera general; 2) Desarrollo (reduciendo el enfoque): se especifican cuestiones concretas, y, 3) Final (focalización máxima): se llega a un punto de máxima concretización.

Figura 1. Delimitando el tema del TFG: estrategia del embudo

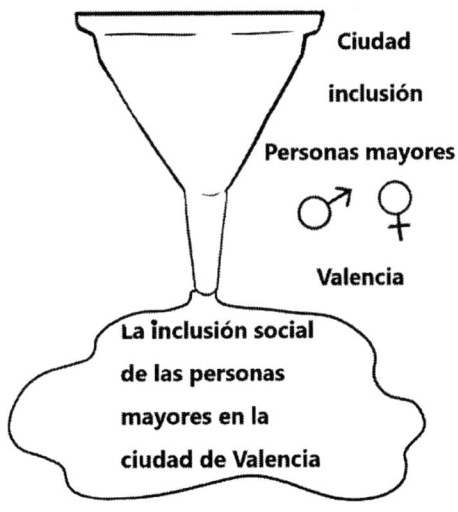

Fuente: elaboración propia

Tal como puedes apreciar en el ejemplo, se parte de un contexto general relacionado con el tema de estudio que despierta tu interés (por ejemplo, la ciudad como epicentro de la vida urbana). A partir de ahí, avanzas hacia una mayor concreción del enfoque, planteándote preguntas sobre la o las temáticas específicas que deseas abordar (como el tema de la inclusión en las ciudades).

En los pasos siguientes, te centras en delimitar aún más el tema identificando el colectivo objetivo que quieres analizar (por ejemplo, personas mayores). En este punto, también conviene que te cuestiones si es necesario incorporar la perspectiva de género o si, como en el ejemplo, optas por un enfoque integrador. Después, concretas el ámbito geográfico de análisis o intervención, lo que te permite definir con claridad el "dónde" (por ejemplo, la ciudad de Valencia).

Finalmente, una vez hayas respondido a estas preguntas, llegarás al punto más estrecho del embudo, que te permitirá formular una primera propuesta concreta para el tema de tu TFG. A continuación, y en función del enfoque que desees adoptar —ya sea analítico, descriptivo (modalidad de investigación) o centrado en la intervención—, se presentan algunas propuestas de títulos alternativos para un Trabajo de Fin de Grado (TFG):

a) Títulos más analíticos:

– *Ciudad e invisibilidad: análisis de la inclusión de las personas mayores en Valencia*

– *¿Ciudad amigable con las personas mayores? Evaluación de la inclusión en Valencia*

b) Títulos descriptivos:

– *La inclusión social de las personas mayores en la ciudad de Valencia*

– *Valencia inclusiva: desafíos y oportunidades para las personas mayores*

c) Títulos de intervención:

– *Diseño de una intervención comunitaria para fomentar la inclusión de mayores en Valencia*

– *Reimaginar la ciudad desde la vejez: intervención inclusiva en barrios de Valencia*

La estrategia del embudo permite estructurar la información de forma progresiva, partiendo de aspectos generales hasta llegar a elementos concretos y específicos, lo que facilita la delimitación del tema. Si estás considerando un tema para el TFG, resulta altamente recomendable aplicar esta estrategia, ya que puede serte de gran utilidad para enfocar adecuadamente el trabajo.

4.6. Evaluar la viabilidad del tema

Antes de tomar una decisión definitiva y comenzar la redacción del TFG, es fundamental asegurarte de que el tema elegido puede desarrollarse dentro del tiempo disponible y con los recursos accesibles. Para ello, conviene que te plantees una serie de preguntas clave que te permitan valorar su viabilidad:

- ¿Existen suficientes fuentes de información disponibles? ¿Son accesibles con facilidad?
- ¿Se requiere acceso a datos, entrevistas u otros recursos que pueden ser difíciles de obtener?
- ¿Es posible realizar el trabajo de forma realista dentro del plazo establecido?
- ¿La tutora o el tutor considera que el tema es adecuado?

Aunque estas preguntas pueden ayudarte a evaluar la viabilidad del tema, es esencial contrastarlo con tu tutor o tutora. Su experiencia y orientación a lo largo del proceso serán fundamentales para ajustar y consolidar tu propuesta de forma efectiva.

EJERCICIO DEL TEMA

❖ Aplica la estrategia del embudo como enfoque progresivo, que conduce de lo general a lo específico, para delimitar el tema del Trabajo Fin de Grado y plantea un posible título.

CAPÍTULO 3. LA PLANIFICACIÓN DEL TFG

Angel Joel Méndez López y Enric Sigalat Signes

Departamento de Trabajo Social y Servicios Sociales (Universitat de València)

1. INTRODUCCIÓN

El Trabajo de Fin de Grado (TFG) puede ser todo un reto. Por eso, creemos que puede resultarte muy útil una orientación y algunas herramientas que te ayuden a planificarlo de forma clara y organizada. Una buena forma de empezar es ayudándote a entender bien los objetivos de tu TFG, así como los plazos y requisitos que marca la universidad, tanto a nivel académico como administrativo.

Tener una buena organización desde el principio es clave. En este sentido, puede ayudarte la elaboración de un cronograma inicial dividido por fases: búsqueda bibliográfica, desarrollo teórico, definición de la metodología, redacción, revisión, etc. También es importante que aprendas a marcarte metas realistas y a aprovechar herramientas de gestión del tiempo, como agendas, calendarios digitales o aplicaciones de productividad.

El papel de tu tutora o tutor es fundamental, no solo para resolver dudas y hacer un seguimiento de tu trabajo, sino también para mantener tu motivación a lo largo del proceso. Además, es recomendable fomentar la autoevaluación y revisar periódicamente el progreso, para que puedas ajustar tu organización si lo necesitas.

En resumen, una buena planificación del TFG no solo mejora la calidad de tu trabajo final, sino que también te ayuda a reducir el estrés, a la vez que te facilita el aumento de la confianza en tu propio proceso de aprendizaje. En este capítulo vamos a tratar todos estos aspectos, con la intención de ofrecerte herramientas prácticas que te permitan afrontar la programación de tu TFG de forma eficaz y con más seguridad.

2. CONSTRUYENDO EL TFG: UN RECORRIDO ACOMPAÑADO DESDE LA PLANIFICACIÓN

El TFG no solo marca el final de una etapa académica en tu vida, sino que también representa una excelente oportunidad para que pongas en práctica y demuestres las competencias adquiridas a lo largo del grado.

En este contexto, el acompañamiento adecuado por parte del profesorado, especialmente de tu tutor o tutora, puede marcar una diferencia significativa. Su orientación puede ser clave para que te sientas más seguro/a, organizado/a y motivado/a.

A continuación, te presentamos algunas propuestas sencillas y prácticas que pueden ayudarte a planificar tu TFG de forma eficaz. Al mismo tiempo, estas sugerencias también pueden servirle como apoyo a tutoras y tutores en su labor de guía y acompañamiento durante todo este proceso.

2.1. Entender la naturaleza del TFG

Antes de iniciar cualquier proceso de planificación, es fundamental que comprendas qué es el TFG, qué se espera de este trabajo y cuál es su función dentro del plan de estudios. El TFG suele tener un carácter integrador, en el que debes demostrar una significativa capacidad para aplicar, de forma coherente, los conocimientos teóricos y prácticos que has adquiridos a lo largo del grado.

Además, es importante tener presente que la modalidad del TFG puede variar en función del área de estudio y de la normativa de cada universidad: puede tratarse de una revisión bibliográfica, un proyecto de investigación, una propuesta de intervención, entre otras opciones.

Por todo ello, en la primera reunión, el tutor o tutora debería explicarte con claridad la naturaleza y el propósito del TFG, resolviendo posibles dudas iniciales que presentes. Por tu parte, como estudiante, es recomendable que llegues a esa primera reunión habiendo leído previamente la guía docente de la asignatura, para poder plantear cualquier duda, ya sea académica o administrativa, relacionada con el desarrollo del proceso de tu TFG.

Por lo expuesto a priori, tanto tu tutora o tutor como tú, debéis ser capaces de repensar, reflexionar y tener presentes una serie de puntos clave, que presentamos a continuación como si los expresáramos en voz alta, para facilitar su retención.

   a) Claves que el/la tutor/a debe comunicarte claramente:
   – El Trabajo de Fin de Grado (TFG) representa una valiosa oportunidad para profundizar en un tema de interés personal o de carácter profesional. Tal como se mencionó en el capítulo anterior, es fundamental que la elección del tema parta de un interés real y motivador de tu parte.

- Aunque es un trabajo autónomo, cuentas con la orientación y el apoyo de la tutora o tutor durante todo el proceso.

- Su realización requiere una buena organización y planificación, constancia, así como el desarrollo de habilidades esenciales como la investigación, la lectura, el análisis crítico y la redacción clara y coherente.

b) Puntos clave que como alumna/o debes tener presente:

- Preséntate mediante un correo al tutor o tutora asignado/a para el TFG y acuerda una primera reunión. Recuerda que el TFG requiere una actitud activa y responsable por tu parte.

- Es recomendable leer la guía docente de la asignatura TFG antes de la primera reunión con la tutora o tutor.

- Reflexiona sobre el posible tema del TFG, tal como se indicó en el capítulo anterior, y prepárate para contrastarlo con el tutor o tutora.

- Establece desde el principio una comunicación clara, fluida y regular con tu tutora o tutor.

2.2. La elección y delimitación del tema del TFG

Una de las primeras decisiones clave que debes tomar es la relativa a la elección del tema del TFG (ver capítulo 2). No es raro que, ante la amplitud de posibilidades, surja cierta desorientación. En este sentido, tanto si ya tienes una idea previa como si partes de cero, el acompañamiento del tutor o tutora académica resulta esencial. Su orientación puede ser determinante para definir un tema que:

- esté alineado con tus intereses personales y con tus metas profesionales,

- resulte viable en términos de tiempo, recursos y nivel de dificultad, y

- se encuentre adecuadamente delimitado.

Recuerda que contar con un buen acompañamiento tutorial es, sin duda, uno de los factores clave para el éxito del TFG. Aprovecha la orientación de tu tutora o tutor: su experiencia en este proceso es un valor añadido, y cualquier sugerencia o indicación que te ofrezca en este proceso, puede resultarte de gran ayuda.

2.3. Establecer objetivos realistas y alcanzables

Una vez delimitado el tema de tu TFG, es fundamental apoyarte en la transformación de tu idea general en objetivos concretos y alcanzables. Estos deben ser específicos, medibles, realistas y estar claramente acotados en el tiempo. Por ejemplo, en lugar de plantear un objetivo amplio como "investigar el abandono escolar", es preferible definir uno más preciso, como "analizar el impacto de las políticas públicas educativas en la reducción del abandono escolar en España entre 2020 y 2025".

En este contexto, se presentan algunas estrategias útiles en formato esquemático que te ayudarán a definir los objetivos de tu TFG:

- *Analiza el tema general:* revisa el tema delimitado y reflexiona sobre los aspectos específicos que se desean abordar.

- *Formula objetivos a partir del método SMART:* asegúrate de que los objetivos sean Específicos, Medibles, Alcanzables, Relevantes y Temporales. El acrónimo se utiliza para describir características clave que deben tener los objetivos para que sean efectivos y bien definidos, y donde cada letra representa un criterio:

Tabla 1. Delimitación de objetivos con el método SMART

Acrónimo	Término en inglés y español	Descripción
S	*Specific* Específico	El objetivo debe ser claro, concreto y sin ambigüedades.
M	*Measurable* Medible	Debe poder medirse el avance y cumplimiento del objetivo.
A	*Achievable* Alcanzable	El objetivo debe ser realista y factible de alcanzar con los recursos y tiempo disponibles.
R	*Relevant* Relevante	Debe estar alineado con las metas generales y ser significativo para el propósito que se persigue.
T	*Time-bound* Temporal	Debe incluir un plazo o marco temporal definido para su consecución.

Fuente: adaptado de Steffens y Cadiat (2016).

– *Analiza la viabilidad:* considera los recursos disponibles, el tiempo, el esfuerzo y la complejidad para establecer objetivos realistas.

– *Desglosa la idea principal:* divide el tema en subtemas o áreas más pequeñas para facilitar la definición de objetivos claros y concretos.

– *Consulta con tu tutor o tutora:* aprovecha su experiencia para orientar y ajustar los objetivos conforme a las expectativas académicas y profesionales.

– *Evalúa y adapta:* refina los objetivos para asegurar que permanezcan apropiados y alcanzables durante el proceso.

Ayudar a definir estos objetivos desde el inicio te permitirá enfocar correctamente la búsqueda de información, delimitar con precisión el marco teórico y evitar desviaciones irrelevantes durante el desarrollo del TFG

2.4. La planificación temporal del TFG

La planificación temporal del TFG es uno de los aspectos más críticos del proceso. Muchos estudiantes tienden a subestimar el tiempo requerido para cada una de sus fases, lo que suele derivar en retrasos y, como consecuencia, en estrés. Una buena guía de tu tutor/a para la la elaboración de un cronograma realista, puede resultar decisivo para el buen desarrollo del trabajo.

Planificar adecuadamente el proceso a desarrollar y elaborar un cronograma del TFG, resulta clave para gestionar efectivamente tanto el tiempo como los recursos, durante la realización del TFG. Asegurándote de este modo poder cumplir con los plazos relativos al desarrollo del trabajo. En este sentido, sin lugar a dudas, si utilizas un cronograma bien articulado y con la estructura adecuada, te permitirá lograr un máximo de organización necesaria para cumplir con los plazos relativos al desarrollo del trabajo.

El proceso de planificación estratégica del TFG te permitirá, a su vez, estructurar tu proyecto en fases o etapas más pequeñas y manejables, pero igualmente interconectadas entre sí. Partiendo de este particular, es posible identificar los capítulos clave y asignarles plazos concretos, de forma que logres alcanzar no solo una clara visión de cómo debe materializarse el trabajo, sino cuál es el enfoque y la perspectiva paradigmática que atraviesa el mismo y es que la planificación del TFG proporciona una guía clara y estructurada para concretar el proyecto lo que, además de mantener el itinerario previsto, favorece la interacción y la comunicación sistemática con el tutora o tutor.

Algunas consideraciones previas que conviene plantearse en voz alta, en forma de preguntas, para la elaboración de un Plan de Trabajo de un TFG, pueden ser las siguientes:

Tabla 2. Reflexiones iniciales para la correcta planificación del TFG

1. El tema y su justificación
– ¿Qué quiero investigar?, ¿Qué tema quiero tratar?
– ¿Por qué he elegido este tema?, ¿Por qué es importante?
2. Búsqueda y revisión bibliográfica
– ¿En qué materiales voy a fundamentar mi propuesta?, ¿Se dispone de fuentes de información confiables y fácilmente accesibles sobre el tema?
3. Objetivos
– ¿Qué objetivos me propongo?, ¿Qué quiero conseguir y hasta dónde quiero llegar?, ¿Mis objetivos son viables y concretos?
4. Metodología
– ¿Qué enfoque le quiero dar?, ¿Qué procedimientos voy a utilizar para alcanzar mis objetivos?
5. Los recursos
– ¿Qué recursos, medios e instrumentos voy a necesitar?, ¿Qué técnicas o instrumentos voy a utilizar para recoger la información (entrevistas, cuestionarios, test, etc.)?
6. Cronograma
- ¿Qué actividades tengo que realizar para alcanzar los objetivos que he planteado?, ¿Cuándo voy a realizar cada una de ellas y en qué orden?
7. Los resultados
- ¿Qué resultados espero obtener?, ¿Qué conclusiones puedo extraer?

Fuente: elaboración propia

Teniendo en cuenta las consideraciones anteriores, la elaboración de un cronograma puede resultar decisiva para la planificación temporal. Este cronograma, que podrás revisar y ajustar junto con tu tutor o tutora, debe incluir las siguientes etapas:

Tabla 3. Planificación del TFG: Etapas clave y elaboración de un cronograma efectivo

CRONOGRAMA
1. Búsqueda y revisión bibliográfica.
2. Elaboración del marco teórico.
3. Diseño metodológico.
4. Trabajo de campo y análisis e interpretación de la información.
5. Redacción del trabajo.
6. Revisión y corrección.
7. Preparación de la defensa.

Fuente: elaboración propia

Un cronograma flexible, pero bien definido, mejora la organización de tu trabajo y contribuye a reducir la ansiedad al afrontar un trabajo académico como el TFG. Establecerlo, te permite ser más ordenado/a y sistemático/a, a la vez que te posibilita revisar cada una de las etapas previas como partes integradas de un todo, y no como elementos aislados o inconexos.

Finalmente te ofrecemos, a continuación, algunos consejos prácticos que pueden ayudarte en la gestión del tiempo durante el desarrollo del TFG. Es recomendable utilizar herramientas como Google Calendar u otras aplicaciones similares para organizar tus tareas de manera eficiente. Asimismo, conviene establecer hitos y fechas límite internas, además de tener presentes las fechas oficiales. Es importante dividir el trabajo en etapas —como la búsqueda bibliográfica, desarrollo, redacción, revisión, entre otras— y asignar a cada una de ellas tiempos realistas.

No olvides dejar márgenes para imprevistos y revisiones, tanto individuales como con tu tutora o tutor. Cotejar el cronograma con la persona que te guía en el TFG puede proporcionarte una visión más clara y estructurada del proceso y una mayor sensación de control y seguridad.

3. LA PLANIFICACIÓN EFECTIVA DEL TFG: METAS DIARIAS Y SEMANALES

La planificación, como se ha señalado, es clave para llevar a cabo un TFG de manera eficiente y organizada. Establecer metas claras, tanto diarias como semanales, no solo te ayuda a estructurar el tiempo, sino que también te facilita el seguimiento del progreso y la detección temprana de posibles retrasos antes de que se conviertan en un problema.

En este marco, las metas diarias que te plantees, deben ser pequeñas y alcanzables, lo que te permitirá mantener un ritmo constante y evitar la postergación. Estas pueden incluir tareas como delimitar los objetivos, revisar bibliografía, redactar un capítulo, diseñar una entrevista o elaborar un esquema detallado, entre otras. Al centrarse en objetivos diarios, se asegura un avance continuo de tu TFG, sin la presión de tener que cumplir con grandes entregas de una sola vez.

Por otro lado, las metas semanales deben ser más amplias y estratégicas. Estas pueden implicar la finalización de secciones completas del trabajo, la organización de los resultados de la investigación, el desarrollo de las actividades del proyecto de intervención o la revisión profunda de la metodología empleada, entre otras. Establecer metas semanales facilita que obtengas una visión global del avance y hacer ajustes oportunos en el cronograma general cuando te sea necesario.

Por lo comentado, el uso de un calendario o de una herramienta de planificación, resulta de gran ayuda para visualizar estos objetivos y mantener un control sobre las fechas importantes a tener en cuenta por tu parte. Hoy en día, existen numerosas aplicaciones y herramientas digitales que facilitan la gestión de la planificación de tu proyecto. Atrás quedaron los tiempos en que solo se utilizaban cuadernos de notas, aunque debes elegir conscientemente el método y la estrategia que mejor se adapte a tu forma de organizarte.

Actualmente disponemos de aplicaciones de planificación diaria (apps), accesibles fácilmente, mediante motores de búsqueda o herramientas de inteligencia artificial, que pueden utilizarse en tabletas y ordenadores portátiles. Además, muchas de estas herramientas te permiten sincronizar la agenda digital en varios dispositivos, facilitándote acceso desde cualquier lugar.

En resumen, establecer metas diarias y semanales, no solo es una estrategia eficaz de tu parte para cumplir con los plazos establecidos, sino que también te garantiza un trabajo de calidad, realizado de forma organizada y sin estrés innecesario. Se trata de ser ordenado/a, sistemático/a y constante. Sin embargo, es fundamental ser flexible y amable contigo mismo/a, ya que habrá días con poco avance y otros con mucho. Lo importante es que no te detengas y que mantengas la constancia.

Recuerda que planificar con antelación brinda una sensación de control, disminuye la ansiedad y permite dedicar el tiempo necesario a cada parte del TFG. Con una planificación adecuada, recursos accesibles y el acompañamiento del tutor o la tutora, el TFG deja de ser una carga para convertirse, tal como debería ser, en una oportunidad de aprendizaje profundo, reflexión crítica y desarrollo personal y profesional.

4. REVISIÓN Y SEGUIMIENTO DEL TFG

Aunque el TFG es un trabajo de carácter autónomo, un aspecto fundamental para que avances hacia su finalización, es el acompañamiento continuo a lo largo del proceso. En este devenir, tu tutor o tutora juega un papel clave. Por ello, como estudiante, es importante que acuerdes con tu tutora o tutor un calendario de revisiones periódicas, conforme avances en cada etapa del cronograma que hayas elaborado. Esto te permitirá evaluar tu progreso respecto al plan establecido y ajustar la planificación cuando sea necesario. Procura ser siempre proactivo/a, así como organizado/a y constante en tu desempeño.

Por lo anterior, es fundamental establecer mecanismos de seguimiento, como reuniones periódicas de avance basadas en el cronograma, así como crear espacios para consultas y feedback. Estas prácticas no solo te motivarán a autoevaluar tu progreso, sino que también te ayudarán a detectar y resolver, a tiempo, posibles dificultades o bloqueos. Además, contar con el acompañamiento del tutor o la tutora no solo sirve para guiar el trabajo, sino que también brinda apoyo emocional en momentos de duda, cansancio o bloqueo.

Las revisiones que realices con tu tutora o tutor del TFG constituyen un elemento fundamental en el proceso de elaboración de este proyecto académico tan importante en tu carrera académica. Estas reuniones —o tutorías, como habitualmente se les denomina— no solo permiten evaluar el progreso de tu trabajo, sino que también representan una valiosa oportunidad para recibir orientación, resolver dudas, obtener retroalimentación y encauzar adecuadamente el proceso de desarrollo del trabajo.

Como se ha señalado previamente, tu tutor o tutora actúa como un/a guía experto/a, colaborando en la delimitación del tema, el ajuste de los objetivos, la mejora de la estructura y la garantía del rigor metodológico. Es importante que tengas presente que, gracias a las revisiones periódicas, puedes corregir errores a tiempo, reajustar el cronograma, adaptar el enfoque si fuera necesario y asegurar el cumplimiento de los requisitos académicos establecidos por la universidad, entre otros aspectos clave.

Tu tutora o tutor no solo te acompaña en el seguimiento del proceso del TFG y en la revisión del contenido, tanto en el aspecto formal como en el de fondo, sino que también desempeña un papel clave en la etapa final del trabajo. En esta fase, puede resultarte especialmente útil preparar con él o ella la defensa oral (en caso de que esta sea requerida), ayudando a estructurar una presentación clara, visual y sintética, así como a anticipar y practicar posibles preguntas del tribunal. Este último aspecto se desarrolla con mayor detalle en otro capítulo.

Además, estas sesiones promueven la reflexión crítica, el desarrollo del pensamiento autónomo y un aprendizaje significativo de tu parte, ya que el intercambio con tu tutor o tutora te permite abordar el trabajo desde distintas perspectivas. En suma, es recomendable que adoptes una actitud proactiva y mantengas una comunicación constante y fluida con la persona que tutoriza tu TFG, ya que esto contribuye a mejorar la calidad de tu proyecto y aumenta las posibilidades de tu éxito en la evaluación final.

Actualmente, gracias al apoyo que brindan las nuevas tecnologías de la información, las revisiones con tu tutora o tutor no se limitan únicamente al formato presencial. También pueden realizarse de forma virtual, lo que amplía las posibilidades de seguimiento. Además, es posible mantener la comunicación mediante correo electrónico u otras herramientas digitales, facilitando así un acompañamiento más ágil y constante a lo largo del proceso.

EJERCICIOS DEL TEMA

❖ Define tus objetivos utilizando el método SMART:

a) Aplica el método SMART para formular los objetivos de tu Trabajo de Fin de Grado (TFG). *Asegúrate de que cada objetivo sea específico, medible, alcanzable, relevante y tenga un plazo definido.*

b) Revisa y valida tus objetivos con tu tutora o tutor para garantizar que estén bien planteados y alineados con el proyecto.

❖ Crea una planificación semanal para organizar tus actividades diarias relacionadas con el TFG. Adáptala según tus horarios, objetivos y ritmo personal de trabajo. *Puedes usar la plantilla que te proporcionamos como ejemplo o inspiración para diseñar la tuya propia.*

Plantilla semanal para organizar tu TFG

Semana del: ____ / ____ / ____

Objetivo general de la semana:

(Ej.: Redactar introducción y revisar bibliografía y encontrar artículos clave para el marco teórico)

Planificación diaria:

Día	Objetivos programados	Tiempo estimado	Tareas completadas ✅ *Checklist de la semana*
Lunes			
Martes			
Miércoles			
Jueves			
Viernes			
Sábado	*(opcional / repaso / descanso)*		
Domingo	*(opcional / repaso / descanso)*		

Observaciones/reflexiones de la semana (anotar):

- o ¿Qué aspectos han resultado o funcionado bien?
- o ¿Qué dificultades he enfrentado?
- o ¿Qué ajustes implementaré para la próxima semana?
- o ¿Tengo alguna duda pendiente de consultar?
- o ¿Estoy cumpliendo el cronograma establecido?

CAPÍTULO 4. LA REVISIÓN BIBLIOGRÁFICA Y LA BÚSQUEDA EN BASES DE DATOS: ESTRATEGIAS PARA EL TFG

Angel Joel Méndez López y Enric Sigalat Signes

Departamento de Trabajo Social y Servicios Sociales (Universitat de València)

1. INTRODUCCIÓN

La revisión bibliográfica y la búsqueda de fuentes de datos, son etapas esenciales en la elaboración de tu Trabajo de Fin de Grado (TFG). La revisión bibliográfica te permite identificar, seleccionar y analizar estudios previos relacionados con el tema de investigación o el proyecto de intervención que has elegido, facilitando la construcción del marco teórico y conceptual de tu trabajo. Este proceso es clave para que comprendas el estado actual del conocimiento en tu área de estudio y para identificar posibles vacíos en la literatura existente, lo que orienta la formulación de la hipótesis y los objetivos de tu TFG. Es fundamental recurrir a fuentes académicas de alta calidad, como artículos científicos, libros especializados y revistas indexadas, así como realizar una evaluación crítica de su relevancia y validez, para asegurarte que sean pertinentes y actualizadas.

Para ello, es fundamental que recurras a fuentes de información académicas de alta calidad, como artículos científicos, libros especializados y revistas indexadas, y realizar una evaluación crítica de su relevancia, actualidad y validez. La utilización de *bases de datos académicas* como *Google Scholar, Scopus, o Dialnet*, entre otras, te permite acceder a información confiable y actualizada que sustenta el desarrollo teórico y metodológico del TFG. Estas herramientas facilitan la contextualización de tu trabajo dentro del campo de lo social, ya sea en investigaciones o en proyectos de intervención.

Las *bases de datos estadísticas,* por su parte, también desempeñan un papel fundamental en la elaboración de tu TFG, ya que proporcionan información cuantitativa actualizada sobre problemáticas sociales y aspectos relevantes relacionados con la temática elegida por ti. Fuentes como el INE, Eurostat o diversos organismos autonómicos, por solo citar algunos de los más relevantes, te permiten analizar contextos, detectar necesidades y fundamentar investigaciones e intervenciones con evidencia, aportando rigor y solidez empírica al trabajo que te has propuesto.

En conjunto, la revisión bibliográfica y la búsqueda de fuentes de información constituyen los cimientos del TFG. La calidad y pertinencia de las fuentes seleccionadas influyen directamente en la rigurosidad, validez y relevancia de los resultados obtenidos. Por ello, contar con una revisión bibliográfica sólida y con fuentes fiables, no es solo recomendable, sino también resulta imprescindible para el éxito académico del TFG.

Finalmente, es fundamental destacar un aspecto clave: para obtener una visión completa y rigurosa del estado del conocimiento sobre un problema, además de realizar una revisión bibliográfica adecuada, es clave que cuentes con el acompañamiento de tu tutor o tutora académica. Su orientación resulta esencial a lo largo de todo el proceso que desarrollas, ya que aporta una mirada experta/especializada sobre cómo enfocar el tema, seleccionar fuentes relevantes y estructurar adecuadamente tu TFG.

La experiencia y el conocimiento de tu profesorado tutor, especialmente en el desarrollo de trabajos académicos vinculados a la investigación y a los proyectos de intervención —las dos modalidades sobre las que se articula el TFG en el Grado en Trabajo Social de la Facultad de Ciencias Sociales de la Universitat de València—, son un recurso valioso que fortalecerá, sin lugar a dudas, la calidad y coherencia del trabajo final que presentes.

2. LA REVISIÓN BIBLIOGRÁFICA

La revisión bibliográfica constituye una parte esencial de cualquier TFG, ya que cumple funciones clave que inciden directamente en la calidad, profundidad y rigor del trabajo académico. Este proceso implica todas las actividades relacionadas con la búsqueda, recopilación, análisis y síntesis de información escrita previamente publicada —como libros, artículos científicos, tesis doctorales o informes— sobre un tema previamente delimitado.

Su objetivo principal es conocer el estado actual del conocimiento en relación con el tema elegido, así como comprender cómo ha sido abordado el problema o la cuestión planteada en investigaciones anteriores. En este sentido, te permite identificar enfoques, vacíos teóricos o metodológicos y oportunidades de aportación original.

Aunque en la planificación del TFG la revisión bibliográfica suele ubicarse justo después de la identificación y definición del problema de investigación, se trata de una actividad que debe mantenerse activa a lo largo de todo el proceso. Esto se debe a que sería inadecuado presentar un trabajo académico que ignore o no considere los aportes más recientes y relevantes sobre el tema objeto de estudio o intervención, según la modalidad del TFG elegida.

3. LA UTILIDAD E IMPORTANCIA DE LA REVISIÓN BIBLIOGRÁFICA

Los principales objetivos de la revisión bibliográfica son: conocer el estado actual del tema seleccionado; identificar qué se sabe y qué aspectos aún requieren análisis; determinar el marco de referencia, así como las definiciones conceptuales y operativas de las variables en estudio adoptadas por otras autoras y autores y; explorar los métodos y procedimientos empleados para la recopilación y análisis de datos en investigaciones similares.

Los resultados de la revisión bibliográfica se suelen presentar principalmente en los apartados del Objeto de Investigación, Introducción y Marco Teórico y Discusión de Resultados en un trabajo de investigación; así como en el Marco Teórico y en Resultados de una Investigación Diagnóstica, en el caso del proyecto de intervención (ver capítulos 5 y 6). No obstante, la bibliografía se puede hallar presente en otros apartados del TFG, siempre que tu texto se deba apoyar en lo que se ha dicho del tema en cuestión. De este modo, una buena revisión bibliográfica resulta fundamental, para conocer lo que otras y otros autores han dicho previamente sobre el tema.

Por lo tanto, la utilidad de la revisión bibliográfica puede resumirse, a modo de esquema para una mayor claridad, en los siguientes puntos:

- *Fundamenta el TFG:* te proporciona la base teórica y conceptual sobre la que se apoya tu investigación o proyecto de intervención.

- *Contextualiza el tema:* te permite ubicar tu trabajo dentro del marco del conocimiento existente.

- *Identifica vacíos o problemas:* te ayuda a detectar lo que aún no ha sido resuelto o explorado, orientando así tu hipótesis o enfoque.

- *Otorga originalidad:* evita duplicaciones y contribuye a que tu trabajo aporte algo nuevo o diferente, en lugar de repetir lo ya publicado.

- *Guía la metodología:* te permite conocer qué métodos han utilizado otros/as estudiosos/as sobre el tema y cuáles han demostrado ser eficaces.

En definitiva, destacar la importancia de la revisión bibliográfica en el TFG es esencial, ya que:

- *Evidencia tu capacidad crítica:* al analizar, comparar y contrastar diversas fuentes y perspectivas.

- *Refuerza la credibilidad de tu trabajo:* una revisión rigurosa demuestra solidez académica y respaldo teórico.

- *Facilita la redacción y argumentación:* contar con un marco teórico bien definido permite estructurar con mayor claridad tus ideas y argumentos.

- *Fomenta tu pensamiento investigador:* la lectura de estudios y trabajos previos estimula la formulación de nuevas preguntas, hipótesis y enfoques de análisis.

4. FUENTES DE INFORMACIÓN PARA EL TFG

En la elaboración de tu TFG, el uso de bases de datos y fuentes estadísticas que utilices, resulta fundamental para respaldar el análisis, comprender los contextos sociales y sustentar las intervenciones propuestas. Estas herramientas permiten acceder a información empírica y científica que enriquece el marco teórico, la introducción, la justificación del problema, el análisis de necesidades y la evaluación de propuestas.

Las bases de datos son recursos organizados que almacenan información académica y científica. En el contexto de trabajos como tu TFG, resulta especialmente útil consultar artículos, informes institucionales y literatura especializada. Algunas bases de datos recomendadas —y ya trabajadas a lo largo del grado— son Dialnet, Scopus, Google Scholar, Redalyc o Web of Science, que ofrecen acceso a publicaciones sobre una amplia variedad de temáticas dentro del campo de las ciencias sociales.

Asimismo, las bibliotecas universitarias proporcionan acceso a bases de datos especializadas como EBSCO, ProQuest o TROBES, que contienen materiales relevantes tanto para las ciencias sociales como para el Trabajo Social. Estas herramientas te permiten revisar estudios previos, explorar marcos teóricos y metodológicos, y conocer experiencias similares que pueden enriquecer el desarrollo de tu TFG.

Por otro lado, además de las bases de datos, las fuentes estadísticas en las que te apoyes proporcionan datos cuantitativos sobre diversos aspectos de la realidad social, como la pobreza, la exclusión, el desempleo, la salud, la educación, la vivienda, la migración o la violencia de género, entre otros. Esta información te permite comprender de manera profunda el contexto social en el que se enmarca tu investigación o intervención, identificar tendencias, comparar territorios o colectivos, y respaldar, con evidencia empírica, la relevancia del tema que has tratado.

Para la realización de tu TFG, es fundamental contar con bases de datos y fuentes estadísticas fiables. En este apartado, se te presenta una selección de recursos útiles, organizados por tipo y ámbito, que incluye bases de datos y fuentes estadísticas oficiales confiables, para su consulta y uso en tu TFG.

Es fundamental asegurarte de que las fuentes utilizadas sean oficiales, actualizadas y fiables. Además, es crucial interpretar correctamente los datos, contextualizarlos adecuadamente y relacionarlos con el objeto de estudio. En los TFG de nuestro ámbito de conocimiento, el Trabajo Social, el uso de estas fuentes te permite identificar necesidades sociales, justificar intervenciones y proponer soluciones basadas en la evidencia.

El uso adecuado de bases de datos y fuentes estadísticas no solo enriquece el contenido de tu TFG, sino que también refuerza el rigor científico y su aplicabilidad práctica. Estas fuentes aportan rigurosidad, objetividad y solidez a tu trabajo, permitiendo un análisis crítico de la realidad social y sustentando las propuestas de mejora o intervención desde una perspectiva basada en la evidencia. En el ámbito del

Trabajo Social, donde el conocimiento de la realidad es fundamental para la acción, estos recursos son herramientas esenciales para una investigación e intervención social comprometida, crítica y transformadora. Por tanto, la capacidad que tengas de seleccionar, interpretar y citar adecuadamente estas fuentes, se convierte en una competencia clave en tu formación como profesional del Trabajo Social.

A continuación, te presentamos una lista de bases de datos y fuentes estadísticas que no pretende ser exhaustiva ni cerrada, sino una guía orientativa para ti. Estas te ofrecen datos actualizados sobre población, pobreza, empleo, salud, vivienda, etcétera.

a) *Bases de datos académicas y bibliográficas*

– **Google Scholar (Google Académico)**
- Herramienta útil para localizar artículos y citas en múltiples idiomas y fuentes.

– **Dialnet**
- Principal base de datos en español en el ámbito de las ciencias sociales, con acceso a artículos, tesis y libros.

– **Scopus**
- Base de datos académica altamente completa y con revisión por pares, de carácter internacional. Acceso disponible a través de universidades.

– **Redalyc y SciELO**
- Publicaciones científicas en español y portugués, especialmente centradas en América Latina.

– **Web of Science**
- Es la base de datos bibliográfica interdisciplinaria más reconocida a nivel mundial, esencial para identificar las revistas y autoras/es más influyentes en diversas áreas del conocimiento científico.

b) *Catálogos y repositorios de universidades*
   Puedes consultar TFGs, TFMs y tesis doctorales previas:
- Repositorio institucional de tu universidad
- Teseo – Tesis doctorales en España.
- OpenThesis, EThOS (Reino Unido), NDLTD (a nivel internacional).

c) *Fuentes estadísticas oficiales nacionales*

– **Instituto Nacional de Estadística (INE)**

- Estadísticas sobre población, condiciones de vida, discapacidad, migraciones, entre otros.

– **Ministerio de Derechos Sociales, Consumo y Agenda 2030**

- Informes relacionados con servicios sociales, dependencia, infancia, pobreza y exclusión social.

– **Ministerio de Sanidad**

- Información sobre salud pública, drogodependencias, VIH, salud mental, entre otros temas de salud.

– **Ministerio de Ciencia, Innovación y Universidades**

- Datos sobre ciencia, desarrollo tecnológico e innovación en diversos sectores y áreas del conocimiento.

– **Observatorio de la Infancia**

- Informes y datos sobre la infancia, adolescencia y familia.

– **Sistema Estatal de Información de Servicios Sociales (SIUSS)**

- Datos relativos a la atención social básica, dependencia y exclusión social.

d) *Fuentes europeas e internacionales*
– **Eurostat**

- Estadísticas comparativas de todos los países de la UE en áreas como pobreza, inclusión social, empleo, entre otros.

– **OECD (Organización para la Cooperación y el Desarrollo Económicos)**

- Datos sobre desigualdad, salud, educación y bienestar infantil.

- **Banco Mundial / World Bank Data**

- Indicadores relacionados con pobreza, desarrollo social y económico a nivel global.

- **Naciones Unidas / UNData**

- Estadísticas internacionales sobre desarrollo humano, género, salud, y otros temas clave.

e) *Otras fuentes útiles*
- **FOESSA (Fomento de Estudios Sociales y de Sociología Aplicada)**
  - o Estudios sobre pobreza, exclusión y servicios sociales, especialmente recomendados para trabajos de fin de grado (TFG).
- **Cáritas Española**
  - o Publicaciones e informes sobre temas sociales, con un enfoque particular en exclusión, pobreza y vivienda.
- **Observatorios autonómicos y municipales**
  - o Diversas comunidades autónomas y ayuntamientos proporcionan datos locales valiosos, como el portal estadístico de la Generalitat Valenciana o los "Observatorios sobre la sociedad valenciana" con datos referidos a diferentes temáticas que se encuentra en la web del Laboratorio de Ciencias Sociales de la Universidad de Valencia (Social·Lab).

5. CÓMO HACER UNA REVISIÓN BIBLIOGRÁFICA

En la elaboración de tu TFG, la búsqueda en bases de datos suele comenzar a partir de la pregunta de investigación que te plantees, la cual normalmente incluye algunas de las palabras clave o descriptores. Estos son términos o frases que resumen y describen el contenido de un documento, artículo o estudio científico, y guiarán tu búsqueda de manera metódica.

Una vez definida una estrategia adecuada de búsqueda obtendrás diversas referencias, entre ellas artículos cuyo título puede resultarte relevante. Si estos incluyen resúmenes (abstracts), su lectura te permitirá realizar una primera valoración para decidir si merece la pena leer el artículo completo. Este proceso se repite de forma progresiva y sistemática.

De igual modo, cuando buscas información estadística oficial que aporte evidencia y solidez a los argumentos de tu trabajo, es importante que identifiques fuentes fiables. Esta búsqueda puede incluir la revisión de revistas científicas relevantes, la consulta de bases de datos electrónicas, el asesoramiento de tu tutor o tutora, y el uso de los recursos que tienes disponibles en internet.

Para que puedas organizar y gestionar funcionalmente la información recopilada de tu parte, es posible que utilices gestores de referencias bibliográficas o hacerlo manualmente, según tus preferencias particulares. A continuación, te ofrecemos algunas recomendaciones para elaborar una estrategia de búsqueda sobre un tema definido. Esta estrategia te servirá como punto de partida para seleccionar y registrar los documentos, evaluarlos críticamente y verificar que aportan información esencial y relevante a tu trabajo, de modo que puedan ser incluidos en la bibliografía.

4.5.1. Recomendaciones de cómo hacer una revisión bibliográfica

a) *Define tus palabras clave.* Elige términos específicos relacionados con tu tema de investigación. Incluye sinónimos, variantes ortográficas y, si es posible, traducciones al inglés para ampliar el alcance de tu búsqueda.

b) *Selecciona literatura relevante.* Busca publicaciones recientes (preferiblemente de los últimos 5 a 10 años) y también aquellas más citadas o consideradas fundamentales en tu campo. Asegúrate de incluir artículos académicos, libros y otras fuentes confiables.

c) *Organiza la información.* Clasifica la bibliografía por temas, enfoques teóricos o líneas de investigación. Para facilitar este proceso, puedes utilizar gestores de referencias como: Zotero (gratuito y muy recomendable), Mendeley o EndNote, entre otros.

d) *Prioriza fuentes académicas y estadísticas oficiales,* y asegúrate de que las estadísticas sean representativas y relevantes para tu tema.

e) *Cita correctamente.* Aplica el estilo de citación requerido por tu universidad (en nuestro caso, la normativa APA). Citar adecuadamente es fundamental para dar crédito a las fuentes y evitar los temas de plagio.

Para concluir, aquí tienes algunos consejos adicionales que pueden ser de utilidad en la búsqueda bibliográfica y la recopilación de datos para tu trabajo:

- *Consulta con tu tutora o tutor de TFG antes de definir el enfoque de tu revisión:* Su orientación te ayudará a delimitar mejor el tema y a optimizar el proceso de búsqueda.

- *Revisa el estado del arte*: identifica qué aspectos del tema ya han sido investigados y detecta posibles vacíos o líneas de investigación aún por desarrollar.

- *Registra desde el principio los datos completos de cada fuente:* autor/a, año, título, publicación y cualquier otro dato relevante. Esto te ahorrará tiempo y te asegurará una correcta citación más adelante. Puedes apoyarte en gestores de referencias como los citados anteriormente para facilitarte el proceso de organizar las fuentes bibliográficas, generar citas y referencias de manera automática.

EJERCICIO DEL TEMA

❖ Iniciación a la revisión bibliográfica. A partir de la pregunta de investigación correspondiente al tema que has elegido, sigue los pasos que se indican a continuación y ve completando cada uno de los apartados:

a) Identificación de descriptores o palabras clave

Selecciona al menos cuatro términos clave relacionados con tu tema. Incluye sinónimos, variantes y, si es pertinente, traducciones al inglés para ampliar el alcance de la búsqueda.

b) Diseño de la estrategia de búsqueda

Elabora una estrategia eficaz para localizar bibliografía relevante. Como punto de partida, utiliza Google Scholar, aplicando filtros por fecha, tipo de documento, idioma, entre otros criterios que consideres útiles para afinar los resultados.

c) Registro de las fuentes seleccionadas

Anota los datos completos de cada referencia desde el inicio: autora/es, año de publicación, título del documento, fuente (revista, libro, etc.) y cualquier otro dato relevante que facilite su posterior citación.

d) Organización mediante un gestor bibliográfico

Descarga e instala Zotero, un gestor de referencias bibliográficas libre, abierto y gratuito. Crea una carpeta o subcarpeta para organizar de forma clara y sistemática las referencias que vayas recopilando.

CAPÍTULO 5. GUÍA PARA LA ELABORACIÓN DE UN TRABAJO DE FIN DE GRADO DE INTERVENCIÓN EN CIENCIAS SOCIALES

Elena Matamala, Ángela Carbonell y María Jesús Berlanga

Departamento de Trabajo Social y Servicios Sociales (Universitat de València)

1. INTRODUCCIÓN

El Trabajo de Fin de Grado (TFG) de intervención en Ciencias Sociales u otras afines es un proyecto académico realizado en la fase final de los estudios universitarios de Trabajo Social, Relaciones Laborales y Recursos Humanos, Sociología, Ciencias Políticas, etc., que implica la planificación, diseño y, en algunos casos, implementación y evaluación de una propuesta de intervención social en un contexto específico.

Su finalidad es doble. Por un lado, te va a permitir demostrar los conocimientos y competencias que has adquirido a lo largo del grado. Y por otro, si eliges realizar un TFG de Intervención, también te va a permitir la planificación de una acción orientada a prevenir, resolver o mejorar una situación social real que pueda ser catalogada como problemática, pudiendo incentivar la participación (Atkinson y Da Voudi, 2000). Y en el caso de que dispongas del tiempo suficiente y se contemple en la guía docente de tus estudios de grado, es posible que la puedas llevar a la práctica, con el fin de contribuir a dar respuesta a las necesidades de personas, grupos o comunidades, promoviendo su bienestar.

En este sentido, los TFG de intervención suponen una oportunidad no solo para desarrollar tus habilidades y competencias en la interacción con grupos, comunidades, instituciones y profesionales del sector, entre otros, sino también para aplicar de forma supervisada el contenido teórico que has adquirido en los estudios universitarios, permitiéndote, como futura o futuro profesional de lo social, analizar y planear una respuesta a situaciones reales que tendrás que enfrentar el día de mañana en tu práctica laboral diaria. Este tipo de trabajo, por tanto, se distingue de aquellos que podrían enmarcarse como TFG de investigación porque en él, además de analizar una realidad social, deberás planificar una propuesta de intervención para modificarla y, en algunos casos, llevarla a la práctica.

2. ESTRUCTURA DE UN TFG DE INTERVENCIÓN

A continuación, vamos a presentarte un listado con los apartados que un TFG de intervención en Ciencias Sociales u otras afines debería incluir. Este índice constituye una estructura básica que orienta la elaboración del trabajo, proporcionando un marco coherente y lógico. Sin embargo, es importante señalar que, dependiendo de la naturaleza específica de cada proyecto y en función de los requerimientos específicos de cada titulación, pueden incorporarse subapartados adicionales que permitan profundizar en aspectos clave de la intervención. La organización interna del trabajo debe responder a las particularidades del objeto de estudio, los objetivos planteados y la metodología empleada, garantizando así una presentación clara y estructurada de la propuesta.

Figura 2. Índice básico de un TFG de intervención

Portada

Índice

Resumen y palabras clave

1. Introducción

2. Marco teórico

3. Objetivos del TFG

4. Metodología del TFG

5. Resultados de la investigación diagnóstica

6. Plan de intervención

    6.1. Título del proyecto

    6.2. Recurso en el que se enmarca, contexto, ámbito de intervención

    6.3. Población destinataria

    6.4. Objetivos generales y específicos de la intervención

    6.5. Resultados esperados de la intervención

    6.6. Metodología de intervención

        6.6.1. Actividades

        6.6.2. Cronograma

        6.6.3. Recursos necesarios para la intervención

        6.6.4. Propuesta de evaluación de la acción

7. Resultados obtenidos y evaluación de la puesta en práctica

8. Conclusiones

9. Referencias bibliográficas

10.   Anexos

Seguidamente, revisaremos cada uno de los apartados mencionados, explicando su estructura, contenido y función dentro del TFG. Cada sección cumple un propósito específico en la construcción del documento, desde la contextualización del problema hasta la evaluación de la intervención.

2.1. Portada

La portada debe incluir el sello de tu universidad, facultad, grado, curso, asignatura, título del trabajo (en el que quede claro que se trata de una propuesta de intervención), nombre completo de el/la estudiante y nombre completo del tutor/a.

Figura 3. Ejemplo de portada

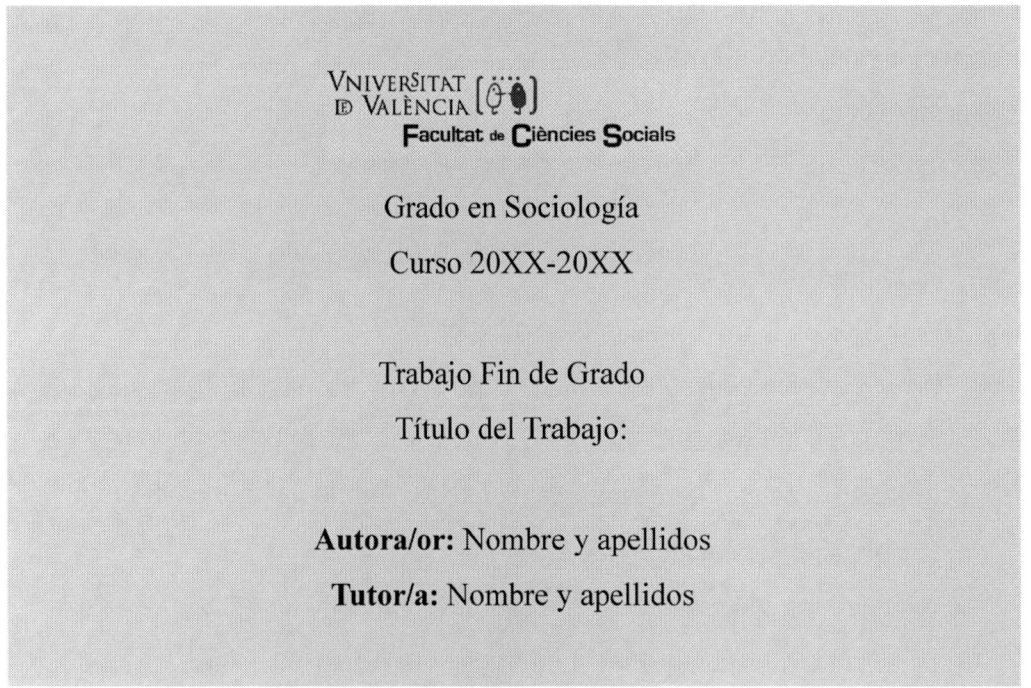

2.2. Índice

El índice debe estar bien estructurado, ir numerado y reflejar con claridad la organización del contenido del trabajo, especificando la página en la que se encuentra. Si el trabajo tiene pocas tablas y figuras, no hace falta nombrarlas en el índice general o tabla de contenido (Índice), ni tampoco crear un índice específico para ellas.

En el caso de que las tablas y figuras superen los cinco elementos, se recomienda incluir un índice específico (Índice de tablas y figuras) a continuación del índice general y en una página aparte, facilitando así su búsqueda en el cuerpo del trabajo. Es importante que las tablas y figuras estén numeradas de forma ordenada. En esta ocasión, en el índice general se mencionará como primer apartado el índice de tablas y figuras.

Figura 4. Ejemplo de Índice de tablas y figuras

Índice de Tablas y Figuras

Tablas

Tabla 1. Distribución de la muestra según edad...10

Tabla 2. Distribución de la muestra según género.. 11

Tabla 3. Distribución de la muestra según país de origen...15

Tabla 4. Resultados de la encuesta de satisfacción.. 18

Figuras

Figura 1. Diagrama de flujo del proceso de investigación...6

Figura 2. Árbol de problemas..

18

2.3. Título del trabajo:

El título debe ser claro, conciso y llamativo. Piensa que será lo primero que lean sobre tu trabajo y, por tanto, va a funcionar como la carta de presentación del mismo. Y al mismo tiempo, debe informar de lo que has trabajado realmente en el TFG, teniendo que ser coherente con su objetivo general. Es conveniente que, al iniciar tu trabajo, plantees un título provisional en el que aparezcan las palabras clave del contenido de tu proyecto: palabras que hagan referencia a que se trata de un TFG de intervención; al tema principal (en el ejemplo, prevención de la violencia de género); al lugar para el que se planifica la intervención; entre otros elementos. Este te ayudará a centrar tu trabajo. Posteriormente, lo podrás modificar para mejorarlo y adaptarlo mejor al contenido definitivo. Un ejemplo de título podría ser: "Metodología de intervención para prevenir la violencia de género en el Barrio de la Fonteta (Valencia)".

2.4. Resumen

Debe ser breve y conciso (entre 200-250 palabras), pues se trata de una síntesis del trabajo que permitirá a quien lo lee adquirir una visión general del mismo. Además, ha de ser coherente e incluir información objetiva. El resumen es lo primero que se lee de un trabajo, por eso es importante cuidar la redacción, la claridad y los contenidos.

Este debe abarcar los elementos esenciales del trabajo, proporcionando una visión estructurada de su desarrollo. Entre sus componentes principales se encuentran: una breve contextualización del problema, la delimitación del ámbito de intervención y del recurso en el que se enmarca, los objetivos propuestos, la metodología empleada, el diagnóstico realizado, la propuesta de intervención y, en función del grado de implementación del trabajo, los resultados obtenidos o esperados.

Asimismo, con el fin de asegurar la accesibilidad y difusión, teniendo en cuenta las lenguas oficiales de tu universidad, el resumen debe presentarse en castellano, valenciano (o la lengua de tu Comunidad Autónoma) e inglés.

2.5. Palabras Clave

Las palabras clave son un conjunto de términos (sustantivos, verbos y nombres propios) o de términos compuestos que permiten identificar los temas y conceptos más relevantes del trabajo. Paralelamente, facilitan que otras personas interesadas en la materia puedan consultar tu TFG de manera ágil en bases de datos académicas o repositorios universitarios.

Te recomendamos seleccionar entre cinco y seis palabras clave, asegurándote de que sean concisas, representativas y específicas del contenido del trabajo. Cada término compuesto se considera una única palabra clave, por lo que es importante que las elijas cuidadosamente para reflejar de manera concisa, relevante y específica la esencia de tu TFG. Por ejemplo, en un TFG de intervención con personas mayores en el ámbito rural, una selección adecuada de palabras clave podría ser: Personas mayores, envejecimiento, ámbito rural, pueblo, intervención social.

Las palabras clave deben presentarse inmediatamente después de cada versión del resumen, en castellano, valenciano (o la lengua de tu Comunidad Autónoma) e inglés, manteniendo coherencia con la terminología utilizada en el trabajo.

2.6.Agradecimientos

Se trata de un apartado voluntario, quedando su inclusión en el TFG a tu criterio. Su incorporación persigue el objetivo de que puedas reconocer el apoyo que hayas recibido (por personas, instituciones o entidades) en la elaboración del TFG. Entre los agradecimientos se puede mencionar a: la tutora/or del TFG, otros/as profesores/as y académicas/os, personas consultadas, familia y/o amistades. Se debe emplear un tono respetuoso, mantener un orden lógico en la redacción y ser breve. Aunque se trata de un apartado más personal, no debe perderse de vista el carácter académico del documento, por lo que la redacción debe mantener seriedad y claridad.

2.7.Introducción

La introducción permite captar la atención de quien lee el TFG, por lo que, además de situar el trabajo y explicar su estructura, ha de ser clara, sugerente y atractiva. Con un tono formal, has de explicitar en ella de qué trata el proyecto presentado y justificar brevemente la importancia de la intervención que se va a proponer.

Debes comenzar este apartado con una contextualización del problema abordado, vinculándolo con la disciplina de estudio y haciendo referencia a teorías o estudios previos que respalden su relevancia. A continuación, has de justificar la necesidad de la intervención, exponiendo las razones que motivan su desarrollo y el impacto esperado. Posteriormente, tendrás que formular los objetivos que guían el trabajo, diferenciando entre generales y específicos si es necesario. También te recomendamos que incluyas una breve mención metodológica que permita comprender cómo se ha estructurado el proceso de intervención. Finalmente, la introducción debe concluir con un último párrafo en el que presentes la estructura del TFG, explicando brevemente el contenido de cada apartado para orientar a quien lee en su recorrido por el documento.

2.8.Marco Teórico

El marco teórico, además de fundamentar la pertinencia y adecuación de la intervención propuesta, ubica el estudio dentro del conocimiento existente. Este debe ser coherente con los objetivos de tu TFG. Y te deberá servir para fundamentar la propuesta de intervención que plantearás posteriormente. De esta forma, tras realizar una revisión bibliográfica rigurosa, el marco teórico te va a permitir presentar los antecedentes de investigación sobre el tema elegido, incluyendo definiciones de conceptos clave, datos estadísticos relevantes, teorías, modelos teóricos, estudios desarrollados, experiencias previas de intervención en el área que se centra tu trabajo, entre otros. Asimismo, es fundamental integrar el marco legal y las políticas públicas o programas relacionados con el tema. Del mismo modo, es conveniente relacionar el marco teórico con la disciplina de estudio (por ejemplo, Trabajo Social, Sociología, etc.) en algún subapartado.

Para ello, has de emplear obligatoriamente literatura científica actualizada y de calidad, partiendo de contribuciones de distintas/os autores/as, incluyendo sus citas a lo largo del texto según las normas APA vigentes. Al respecto, hemos de recordarte que cada universidad cuenta con diferentes programas y herramientas de IA antiplagio, por lo que una adecuada citación de los materiales empleados es esencial para garantizar la originalidad de tu trabajo. Posteriormente, cada uno de los materiales bibliográficos y documentales que hayas empleado en tu TFG, deberás incluirlos en el apartado final de Referencias Bibliográficas, ordenados alfabéticamente. Para ampliar información sobre el proceso de búsqueda bibliográfica, se puede consultar el capítulo 4 de este libro.

Por último, has de recordar que deberás estructurar el marco teórico en subapartados, siguiendo un orden lógico en función del contenido, habitualmente desde lo más general hasta lo más específico.

2.9. Objetivos del Trabajo Fin de Grado

En primer lugar, resulta relevante diferenciar este apartado respecto al subapartado de "Objetivos generales y específicos de la intervención" ubicado en el posterior apartado de "Plan de intervención".

Los Objetivos del TFG son fundamentales, son los que van a definir el propósito de tu trabajo. Todo tu TFG va a tener que orientarse de acuerdo a ellos (tu marco teórico, la metodología que emplees, tu plan de intervención...). El apartado se puede iniciar con una breve introducción que contextualice la importancia de definir objetivos claros, precisos y coherentes con el tema de estudio y la metodología empleada.

El objetivo general se orientará al diseño y/o implementación de tu proyecto de intervención. El apartado se puede iniciar con una breve introducción que contextualice la importancia de definir objetivos claros, precisos y coherentes con el tema de estudio y la metodología empleada.

A continuación, debes formular el objetivo general. Te recomendamos emplear un único objetivo general (aunque hay personas que prefieren emplear varios). Este debe ser amplio, claro y alcanzable. Te recomendamos utilizar verbos en infinitivo que reflejen el alcance de tu trabajo, como profundizar, indagar, averiguar, identificar, examinar (para la investigación diagnóstica) y diseñar, elaborar, planificar, proponer (para la planificación de la intervención). También se pueden emplear verbos relacionados con su implementación, como implementar, ejecutar, aplicar, desarrollar, impartir. No se deben utilizar verbos aspiracionales (demostrar, reivindicar, visibilizar, defender) ni aquellos que resulten obvios (estudiar, escribir, investigar). La enunciación debe ser genérica, pues todavía no se ha realizado el diagnóstico social que permitirá concretarlos.

Posteriormente, deberás indicar los objetivos específicos, los cuales detallan los pasos necesarios para alcanzar el objetivo general. Se estructuran de manera secuencial, abarcando desde el diagnóstico hasta la planificación e implementación de la intervención, seguidos de su evaluación. Deben ser concretos, claros, realizables y medibles, formulados también con verbos en infinitivo.

Veamos un ejemplo de objetivos que podrían considerarse en un TFG de intervención en Trabajo Social. En él, se muestra la secuencia lógica de objetivos en un TFG de intervención, desde el análisis de necesidades hasta la planificación, implementación y evaluación del proyecto.

Figura 5. Ejemplo de Objetivos del TFG

Objetivo general:
Diseñar y/o implementar un programa de apoyo a las personas cuidadoras de personas mayores en un entorno rural en base a sus necesidades.

Objetivos específicos:

OE 1. Analizar las principales dificultades emocionales y sociales que enfrentan las personas cuidadoras de mayores en el municipio de Alfafar (València).

OE 2. Identificar estrategias de intervención adecuadas para brindar apoyo a las personas cuidadoras.

OE 3. Desarrollar un plan de intervención que incluya actividades grupales y apoyo individualizado para las personas cuidadoras de Alfafar (València).

OE 4. Implementar y evaluar el impacto del programa en la calidad de vida de las personas cuidadoras de Alfafar (València).

Nota: En caso de no llevarse a cabo la implementación, este objetivo podría reformularse como: Proponer un modelo de evaluación del impacto del programa en la calidad de vida de las personas cuidadoras de Alfafar (València).

2.10. *Metodología del Trabajo Fin de Grado*

Cuando el Trabajo de Fin de Grado sea modalidad de intervención, será preciso que lo ubiques convenientemente en un contexto real, anclado en problemáticas reales y sustentado en un diagnóstico previo. Este punto de partida permitirá dotar de coherencia y relevancia a tu propuesta, asegurando que la intervención responda a necesidades identificadas dentro de un recurso específico y/o una población determinada.

Como hemos introducido, la planificación de una intervención requiere, en primer lugar, de un proceso de aproximación y análisis de la realidad social sobre la que pretendes actuar. Por ello, tu TFG de intervención debe incluir necesariamente, y previo a plantear la propuesta de intervención, una fase de investigación (investigación diagnóstica) que posibilite una comprensión estructurada del problema. Dicho esto, es cierto que el grado de profundidad de la fase de investigación (y el nivel de exigencia) no será el mismo que en un TFG que sea exclusivamente de investigación.

En relación con lo expuesto, la metodología de un TFG de intervención debe describir: (1) el diseño general del estudio; (2) el proceso de investigación diagnóstica, orientado a conocer la realidad sobre la que se intervendrá; (3) introducir el proceso de diseño de la propuesta de intervención. Es importante que incluyas toda esta información porque este apartado justifica la validez de tu trabajo y permite su replicabilidad.

En cuanto al diseño general del estudio (1), debes hacer explícito de nuevo que se trata de un TFG de intervención y que para su desarrollo se ha requerido, tras la pertinente revisión bibliográfica, realizar un diagnóstico social de la realidad sobre la cual se pretende intervenir. También has de mencionar brevemente si el diagnóstico se ha llevado a cabo en una comunidad, un recurso o un grupo específico, así como el enfoque metodológico que has adoptado (cualitativo, cuantitativo o mixto). Además, tienes que señalar que, a partir del análisis de los resultados obtenidos en el diagnóstico, se ha diseñado una propuesta de intervención y su evaluación, especificando si tienes prevista su implementación o si, por limitaciones temporales u otras cuestiones, solo planteas su diseño teórico.

Respecto a la investigación diagnóstica o diagnóstico social (2), es una investigación que fundamenta y justifica la intervención. Es decir, es una base sólida desde la que realizar una acción. El diagnóstico supone el análisis, identificación, síntesis, definición, contextualización, interpretación y evaluación de una realidad concreta y la búsqueda de los recursos disponibles para abordarla. Para ello, debes emplear fuentes primarias y secundarias, garantizando un análisis riguroso. No olvidemos que la población beneficiaria potencial, o incluso las y los profesionales que ya están trabajando en el ámbito de tu futuro proyecto, pueden aportarte información muy valiosa.

Por tanto, al describir el proceso de investigación diagnóstica, debes explicar paso a paso cómo llevaste a cabo la investigación, desde la selección de las fuentes consultadas (documentales, población beneficiaria, profesionales, expertas/os en la materia, etc.) hasta las técnicas empleadas para la recopilación de datos (entrevistas, encuestas, grupos focales, observación participante o no participante, análisis documental, etc.). También has de indicar el lugar y la duración del proceso, así como el cumplimiento de principios éticos. Si empleaste herramientas o programas específicos para el análisis de los datos obtenidos, es aconsejable que lo indiques también. A nivel gramatical, la metodología la tienes que redactar en pasado (pretérito indefinido o pretérito perfecto). Por ejemplo: "La técnica utilizada fue/ha sido la entrevista semiestructurada".

Por último, en el apartado de metodología del TFG, puedes hacer referencia también al procedimiento empleado para el diseño de la propuesta de intervención (3). Como su nombre indica, se trata de que describas el método seguido para diseñar la propuesta de intervención una vez ya has realizado el diagnóstico. Puedes hacer referencia a la revisión de otros planes o intervenciones previas, aunque si estos ya los has abordados en el marco teórico, no es necesario repetirlos.

2.11.   *Resultados de la Investigación Diagnóstica*

En este apartado has de exponer los principales resultados obtenidos a través de la investigación diagnóstica, estructurados según las categorías temáticas, dimensiones o cualquier otra organización que permita una exposición clara y coherente de tus hallazgos. Es fundamental que los resultados se alineen con los objetivos previamente establecidos en tu TFG, ya que estos te servirán como base para la intervención propuesta más adelante.

En el diagnóstico debes poner de manifiesto el problema, la realidad o situación social que vas a abordar, especificando, en su caso, el sector poblacional y el recurso concreto desde el cual vas a intervenir. La claridad en esta exposición es esencial, ya que te permite justificar la necesidad de la intervención y te facilitará la planificación de las acciones que seguirás. Para ilustrar y dar mayor profundidad a los resultados, puedes incluir extractos de las entrevistas realizadas, intercalados con información obtenida a través de fuentes documentales. Veamos un ejemplo:

Figura 6. Ejemplo de un extracto de investigación diagnóstica

Sobrecarga emocional y física

Uno de los principales hallazgos apunta al impacto que tiene el cuidado prolongado sobre la salud de los y las cuidadoras. No en vano, como se mencionó en el marco teórico, casi tres cuartas partes de las y los cuidadores informales sufren estrés, ansiedad o depresión asociados a la carga que implica el cuidado (OMS, 2020). En este sentido, los testimonios recogidos en las entrevistas reflejan la misma problemática:

"No tengo tiempo para mí, todo el tiempo lo dedico a cuidar a mi madre, y cada vez me siento más agotada" (Carmen, cuidadora de 65 años).

Por otra parte, mediante el análisis de los datos que has obtenido a través de fuentes primarias y secundarias, debes determinar las causas del problema, sus principales dimensiones y sus consecuencias. Para ello, es recomendable que utilices alguna técnica de diagnóstico, como el árbol de problemas o el análisis DAFO (Debilidades, Amenazas, Fortalezas y Oportunidades), que ayuden a estructurar y visualizar de forma clara los factores que influyen en la problemática analizada. . Deberás finalizar este apartado con un párrafo que justifique la idoneidad, en base a lo expuesto, de la propuesta o proyecto de intervención para poder dar respuesta a los problemas o necesidades planteadas inicialmente. En esta justificación, has de explicar cómo tu intervención se debe adaptarse a las problemáticas y necesidades identificadas, destacando su pertinencia y capacidad para abordar las cuestiones planteadas en el diagnóstico social.

2.12.   Plan de Intervención

El plan de intervención es tu propuesta de acciones concretas diseñadas para abordar y/o mejorar la problemática o situación que has detectado en el diagnóstico previo. En este apartado, debes detallar las estrategias y actividades que planteas llevar a cabo para dar respuesta a las necesidades identificadas, especificando qué se va a hacer, cómo se va a hacer, con quién se va a trabajar y qué recursos serán necesarios.

Para elaborar el plan de intervención, puedes emplear diversas metodologías de proyectos de intervención, como el marco lógico o enfoques alternativos. Sin embargo, independientemente del método utilizado, es fundamental que tu proyecto de intervención incluya, al menos, los siguientes subapartados básicos, numerados según el índice general:

6.1. Título del proyecto.[1]

6.2. Recurso en el que se enmarca, contexto y ámbito de intervención.

6.3. Población destinataria: Localización y/o ámbito de ejecución; personas beneficiarias directas e indirectas.

6.4. Objetivos generales y específicos de la intervención: Establecen qué se quiere lograr con la intervención (propósito central y pasos medibles concretos, respectivamente). Los verbos utilizados deben ser claros, objetivos, alcanzables y realistas, siempre en infinitivo: capacitar, reducir, mejorar, sensibilizar, facilitar, fortalecer, prevenir, etc. Continuando con el ejemplo de TFG de intervención en Trabajo Social:

---

[1] Lo numeramos como 6.1, 6.2, etc., porque en el índice general del TFG –presentado previamente en este capítulo- el apartado de Proyecto de intervención aparece como el punto 6.

Figura 7. Ejemplo de objetivos generales y específicos de la intervención

Objetivo general:

Reducir la sobrecarga emocional y física las personas cuidadoras de mayores en un municipio rural mediante talleres de autocuidado y redes de apoyo.

Objetivos específicos:

- Capacitar a las personas cuidadoras con estrategias de autocuidado
- Crear un grupo de apoyo mutuo para cuidadoras/es en el municipio
- Facilitar el acceso a información sobre servicios comunitarios de apoyo y asistencia domiciliaria.

6.5. Resultados esperados: En este apartado, debes hacer referencia a los posibles resultados o efectos que esperas obtener al llevar a cabo la intervención. Has de detallar qué cambios, mejoras o efectos esperas observar en la población o contexto al que está dirigida la intervención, tal como ejemplificamos:

Figura 8. Resultados esperados

- Capacitadas 20 personas en estrategias de autocuidado
- Creado de un grupo de apoyo mutuo para cuidadores/as en el municipio
- Desarrollada una página web para difundir información sobre servicios comunitarios y asistencia domiciliaria

6.6. Metodología de intervención: Debes comentar, de manera general, qué tipo de procedimientos vas a emplear. Esto incluye el enfoque, los pasos y las estrategias que utilizarás para implementar la intervención, explicándolas brevemente. Has de incluir necesariamente los siguientes subapartados:

6.6.1. Actividades: Descripción detallada de cada actividad, especificando para cada una de ellas los objetivos que se persiguen, los recursos necesarios para su realización (tanto materiales como humanos, etc.), la estructura de la actividad (si se desarrollará en una o varias sesiones, con la narración de cada uno de los pasos), el tiempo requerido para su ejecución y el método de evaluación que utilizarás.

6.6.2. Cronograma: Debes incluir un cronograma en el que se distribuyan las actividades a lo largo del tiempo que durará la intervención.

6.6.3. Recursos necesarios para la intervención: Tienes que especificar de forma global todos los recursos necesarios, detallados en cada una de las actividades. Estos recursos incluyen los institucionales, humanos, materiales, financieros o económicos, calculando el valor de cada recurso mencionado en las actividades para que se pueda determinar la cantidad económica total del proyecto.

6.6.4. Propuesta de evaluación de la acción: Aunque en cada actividad ya has explicado cómo se va a evaluar, también es necesario que plantees un sistema de evaluación para todo el proyecto de intervención en su conjunto. Esta propuesta de evaluación debe incluir un marco general que te permita medir el impacto y los resultados globales de la intervención.

2.13. *Resultados Obtenidos y Evaluación de la Puesta en Práctica*

Este apartado lo has de incluir únicamente si vas a poner en práctica tu proyecto, sabiendo que no es un requisito obligatorio –aunque en función de lo que se marque en tus estudios de grado-. Debes exponer cómo ha sido el proceso de aplicación del proyecto, detallando los datos, hallazgos y cambios observados durante la intervención. Esto puede incluir la presentación de datos cuantitativos y cualitativos, estadísticas, gráficos, tablas, entrevistas y una comparativa con los objetivos establecidos. También tienes que señalar los cambios observados en la población objetivo, tanto los impactos directos como los indirectos.

Adicionalmente, debes realizar una valoración crítica del proceso de implementación de la intervención, considerando aspectos como el desarrollo del proceso, el cumplimiento de la planificación inicial, los recursos empleados, el grado de participación, los desafíos y obstáculos encontrados, entre otros elementos. Todo ello, te debe permitir una comprensión de lo que funcionó y lo que no, ofreciendo un análisis detallado de las fortalezas y áreas de mejora del proyecto.

2.14. *Conclusiones*

Las conclusiones deben servir como cierre del trabajo, y han de basarse en los planteamientos que se han desarrollado a lo largo del mismo, evitando caer en especulaciones o generalizaciones. Deben ser coherentes con los contenidos y objetivos abordados a lo largo del TFG.

Te recomendamos incluir un resumen de los resultados clave obtenidos, analizando la consecución de los objetivos planteados y el impacto generado, así como la evaluación general de la intervención, que contemple aspectos como la eficacia del proyecto, los ajustes necesarios, las fortalezas y debilidades identificadas, y las limitaciones que hayan surgido durante la implementación. Además, debes plantear recomendaciones para futuras investigaciones o intervenciones en la misma área, con tus propuestas para mejorar la práctica profesional. Para finalizar, tienes que incluir una reflexión sobre las implicaciones que los resultados del TFG tienen para la disciplina de estudio, considerando posibles líneas de acción a futuro.

2.15.   *Referencias Bibliográficas*

En este apartado se deben incluir todos los materiales empleados y citados a lo largo del trabajo, siguiendo las normas APA vigentes. No se pueden incluir elementos que no hayan sido citados previamente dentro del texto.

2.16.   *Anexos*

El apartado de anexos es de carácter voluntario. En él se pueden incluir materiales adicionales que ayuden a comprender mejor los contenidos presentados en el trabajo, tales como guiones de entrevistas, guías de observación, cuestionarios empleados, tablas de datos, entre otros documentos relevantes.

EJERCICIOS DEL TEMA

❖ Trata de poner un título a tu trabajo siguiendo los criterios que se especifican para ello.

❖ Cuáles crees que podrían ser las palabras clave de tu futuro trabajo.

❖ Diseña los objetivos que consideras que podría tener tu futuro trabajo, teniendo en cuenta los criterios que se presentan en este capítulo.

CAPÍTULO 6. GUÍA PARA LA ELABORACIÓN DE UN TRABAJO DE FIN DE GRADO DE INVESTIGACIÓN SOCIAL

Andrea Sixto, Ángela Carbonell, María Jesús Berlanga

Departamento de Trabajo Social y Servicios Sociales (Universitat de València)

1. INTRODUCCION

La elaboración de un Trabajo Fin de Grado (TFG) es la primera aproximación que, como alumna o alumno haces a la realización de un trabajo académico de carácter científico de forma autónoma. Esta experiencia, situada estratégicamente en la etapa final de los estudios universitarios, representa la culminación de tu proceso formativo y exige que pongas en práctica los conocimientos teóricos, metodológicos y éticos adquiridos a lo largo de la carrera (Sánchez et al. 2018). Por ello, la realización de un TFG solo tiene sentido en la recta final de tu formación, ya que antes no tenías las herramientas para llevarlo a cabo, dotándolo de un valor añadido tanto en términos formativos como profesionales.

Cuando optas por la modalidad de TFG de investigación, te enfrentas al desafío de ser capaz de formular preguntas y buscar respuestas en base al método científico. Este tipo de trabajo no solo implica que debas manejar conceptos y técnicas, sino también que desarrolles la capacidad de identificar, interpretar y analizar las realidades sociales complejas, y seas capaz de generar un conocimiento empírico fundamentado. A diferencia del TFG de intervención, cuya finalidad principal es el diseño y la posible implementación de una acción social, en el TFG de investigación te deberás centrar en el análisis de una situación, realidad o problemática social, con el objetivo de generar evidencias que favorezcan a su comprensión, visibilización o contextualización.

En un contexto caracterizado por transformaciones sociales aceleradas y desigualdades crecientes, la investigación adquiere un papel fundamental como herramienta para desentrañar las lógicas que configuran las relaciones sociales. Así, con la investigación social no debes limitarte a describir hechos observables, sino que debes buscar la comprensión de los significados, las estructuras y los contextos que los generan y reproducen. El TFG se convierte así en una oportunidad para que puedas examinar temas invisibilizados o naturalizados que atraviesan a personas, grupos o comunidades. En este sentido, investigar desde lo social no es una tarea neutral, sino que implica que te posiciones ante la realidad, reconozcas las desigualdades existentes y te comprometas con la construcción de saberes situados que favorezcan su transformación.

2. ESTRUCTURA DEL TFG DE INVESTIGACIÓN

En este documento no vamos a profundizar en aspectos formales sobre cómo tiene que ser tu TFG, dado que cada universidad, e incluso cada titulación, establece sus propias orientaciones a través de las guías docentes. No obstante, sí vamos a ofrecerte un esquema que suele ser común respecto a la organización del contenido en los TFG de investigación social. Por ello, y con el objetivo de dotar esta asignatura de un soporte más sólido y práctico, en este capítulo te describimos los principales apartados que suelen integrarse en este tipo de trabajos.

Figura 9. Índice básico de un TFG de investigación social

Portada

Índice

Resumen y palabras clave

1. Introducción
2. Objeto de estudio
3. Marco teórico
4. Objetivos
5. Metodología
    5.1. Diseño Metodológico
    5.2. Participantes
    5.3. Instrumentos Utilizados
    5.4. Procedimiento
    5.5. Análisis de Datos
6. Resultados
7. Plan de intervención
8. Discusión
9. Conclusiones
10. Referencias bibliográficas
11. Anexos

A continuación, te presentamos un análisis detallado de cada uno de los apartados que conforman el TFG de investigación social, con el objetivo de clarificar su estructura interna y los contenidos que deben desarrollarse en cada sección. Cada parte responde a una función concreta dentro del proceso de investigación, desde la delimitación del objeto de estudio hasta la elaboración de las conclusiones finales. Cabe señalar que el esquema propuesto no debe entenderse como un modelo cerrado, sino como una guía flexible y básica, susceptible de ajustes en función de las particularidades del fenómeno analizado, los objetivos planteados, el enfoque metodológico adoptado, así como los requisitos específicos de cada titulación

2.1. Portada

La portada debe contener de forma clara y ordenada los siguientes elementos: el logo oficial de tu universidad, facultad correspondiente, titulación, curso académico, nombre de la asignatura, tu nombre y apellidos y el de tu tutor/a académica/o. Asimismo, has de incorporar el título completo del trabajo, dejando constancia explícita de que se trata de una investigación.

Figura 10. Ejemplo de portada

VNIVERSITAT
ID VALÈNCIA [Ö♀]
Facultat de Ciències Socials

Grado en Relaciones Laborales y Recursos Humanos
Curso 20XX-20XX

Trabajo Fin de Grado
Título del Trabajo

Autor/a: Nombre y apellidos
Tutora/or: Nombre y apellidos

2.2. Título del Trabajo

El título que pongas a tu TFG no es un asunto menor. Piensa que un buen título podrá atraer hacia su lectura. Para ello, este debe ser claro, conciso y llamativo. Y al mismo tiempo, debe informar de lo que has trabajado realmente, teniendo que ser coherente con su objetivo general. Es recomendable que, al iniciar tu trabajo, plantees un título provisional en el que aparezcan las palabras clave del contenido de tu proyecto, como términos que hagan referencia al tema principal de tu TFG y al contexto de la investigación, entre otros elementos. Poner un título te ayudará a centrar tu trabajo. Posteriormente, lo podrás modificar para mejorarlo y adaptarlo mejor al contenido definitivo. Por ejemplo, si realizas una investigación sobre la segregación urbana y su impacto en la cohesión social en el barrio de Orriols de Valencia, el título podría ser: "Efectos de la segregación urbana en la cohesión social en el Barrio de Orriols (Valencia)".

2.3. Índice

En el índice debes presentar de forma clara y ordenada la estructura del trabajo, numerando los distintos apartados y subapartados de acuerdo con la secuencia del contenido. Su función principal es facilitar la lectura y consulta del documento, por lo que has de elaborarlo con suficiente precisión y coherencia.

Cuando el número de tablas y figuras es reducido, no es necesario que lo incluyas en una tabla específica de estos elementos. Sin embargo, si el volumen total en el trabajo es mayor a cinco, sí que tienes que incorporar un índice específico de tablas y figuras (Índice de Tablas y Figuras), en una página independiente y situado a continuación del índice general. En ese caso, dicho índice debe figurar como el primer punto dentro del índice general. Para mantener la cohesión, es indispensable que todas las tablas y figuras estén numeradas de forma continua y mantengan un orden que permita su identificación a lo largo del texto.

Figura 11. Ejemplo de Índice de tablas y figuras

Índice de Tablas y Figuras

Tablas

Tabla 1. Diseño metodológico del

estudio…….…..……………………………………………….....20

Figuras

2.4. Resumen

Este es un apartado fundamental de tu TFG, ya que ofrece una visión general de tu estudio y permite anticipar su contenido. Un buen resumen incitará que la persona lectora continúe interesándose por tu trabajo; y al contrario, uno mal elaborado podrá provocar el abandono de su lectura. En un TFG de investigación social, debes presentar de forma clara los aspectos más relevantes de tu trabajo, haciendo especial hincapié en el contexto en el que se sitúa tu investigación, el objetivo general u objetivos generales que la guían, el enfoque metodológico que has utilizado, los principales hallazgos y las conclusiones que has alcanzado.

La extensión del resumen debe oscilar entre las 200 y 250 palabras. No puede contener valoraciones personales, juicios interpretativos, citas textuales ni abreviaturas, a excepción de si son muy conocidas. Además, te recomendamos que lo redactes una vez hayas finalizado el trabajo, cuidando especialmente la coherencia interna, la precisión conceptual y la claridad expositiva. En él no debes reproducir el título, sino que tienes que ofrecer una descripción ajustada del contenido real y final del TFG.

Su redacción debes hacerla en un lenguaje sencillo, evitando tecnicismos innecesarios, pero manteniendo un tono académico. Y normalmente deberás presentar el resumen en castellano, valenciano (u otra lengua oficial de tu comunidad) e inglés, dependiendo de lo que establezca tu universidad. Esta triple versión contribuye a la visibilidad del trabajo y facilita la consulta futura por parte de una comunidad académica más amplia.

2.5. Palabras Clave

Las palabras clave son un conjunto de términos que permiten identificar los temas y conceptos principales de un trabajo de investigación, facilitando su localización y acceso en bases de datos académicas o repositorios universitarios. Estas palabras actúan como indicadores esenciales para quienes buscan investigaciones relacionadas con un área específica, permitiendo un acceso más rápido a los contenidos de tu TFG.

Debes seleccionar entre cinco y seis palabras clave que sean precisas, representativas y estén directamente vinculadas con lo desarrollado en tu investigación. Para ello, es fundamental elegir términos que reflejen la esencia de tu trabajo de manera clara, sin redundancias, y que estén alineados con la terminología utilizada en tu marco teórico y metodológico. Aquí, los términos compuestos deben considerarse como una única palabra clave. Por ejemplo, en una investigación sobre la segregación urbana en contextos de diversidad étnica y su impacto en la cohesión social, las palabras clave podrían ser: Segregación urbana, diversidad étnica, cohesión social, políticas habitacionales, discriminación y planificación urbana.

Por otra parte, las palabras clave deben incluirse inmediatamente después del resumen, y has de presentarlas también en castellano, valenciano (u otra lengua oficial de tu comunidad) e inglés.

2.6. Agradecimientos

Este apartado es de carácter voluntario. Tiene como finalidad que puedas expresar un reconocimiento hacia aquellas personas, instituciones o entidades que te han brindado su apoyo durante la realización del TFG (como el tutor/a del TFG, familiares, amistades, tu entidad de prácticas, la universidad, etc.).

En los agradecimientos puedes utilizar un tono cálido y personal. No obstante, has de mantener la seriedad y formalidad propias del contexto académico, evitando excesos de sentimentalismo y asegurando que la expresión sea breve, pero genuina y respetuosa.

2.7. Introducción

La introducción de tu TFG tiene como propósito situar a quien lo lee en el contexto de tu estudio, describiendo de manera clara lo que has investigado (es decir, el tema, su relevancia y el problema que se plantea), y el enfoque teórico y metodológico que has adoptado.

Debes comenzar este apartado con una breve presentación del tema, destacando su relevancia dentro de las Ciencias Sociales -y otras afines- explicando la necesidad de analizar el fenómeno. A continuación, se presenta el objetivo u objetivos principales de la investigación. Además, también has de mencionar brevemente la metodología adoptada en la investigación.

Finalmente, en el último párrafo de la introducción has de incluir una presentación de la estructura de tu trabajo, detallando los apartados que has seguido y explicando brevemente el contenido que has abordado en cada uno. Este ayudará a quien lo lea a orientarse sobre lo que va a encontrar en tu TFG.

2.8. Objeto de Investigación

En este apartado has de definir con claridad qué vas a estudiar. El objeto de investigación es el fenómeno concreto de la realidad sobre el que vas a centrar tu TFG. Es importante que lo delimites bien desde el inicio, expliques por qué es relevante y lo vincules con estudios, informes e investigaciones previas. Se trata, por tanto, de identificar y exponer el fenómeno que quieres comprender y analizar.

Un aspecto clave es que el objeto de estudio debe formularse de manera precisa. No basta con nombrar a un colectivo o describir una situación general, sino que debes que definir de manera exhaustiva el fenómeno que quieres entender. Por ejemplo, si investigas sobre la segregación urbana en contextos de diversidad étnica, el objeto de estudio no sería simplemente "las personas que viven en barrios segregados", sino "los procesos de segregación urbana en sociedades contemporáneas y sus efectos sobre la cohesión social" y qué representa en la actualidad este fenómeno. Este enfoque te permitirá analizar posteriormente cómo influyen factores como la política habitacional, la discriminación racial o las políticas públicas en la configuración de estos espacios segregados, y cómo eso afecta las oportunidades y relaciones entre grupos étnicos. Como ves, es importante distinguir el objeto del estudio (el proceso de segregación) de los y las sujetos de investigación (las personas que viven en esos barrios).

Una vez definido el objeto, es fundamental que justifiques por qué es relevante social y científicamente. Para ello, has de apoyarte en informes oficiales, datos estadísticos y/o investigaciones anteriores. Además, también puedes relacionar tu objeto con los debates actuales y las políticas públicas, como los Objetivos de Desarrollo Sostenible (ODS), y que tomes una posición fundamentada si trabajas sobre un tema complejo o controvertido.

Finalmente, define bien los conceptos clave que vas a utilizar. Asegúrate de que sean precisos, adecuados al ámbito de las Ciencias Sociales -o afines- y consistentes a lo largo del trabajo. Evita términos vagos o ambiguos que puedan debilitar tu análisis.

2.9. Marco Teórico

El marco teórico constituye la estructura conceptual sobre la que se va a sustentar tu trabajo de investigación. En este apartado has de realizar una revisión crítica, rigurosa y sistemática de los antecedentes, estudios previos y fundamentos teóricos, contextuales y normativos que permiten comprender el objeto de estudio, así como los aportes más actuales que permiten situar tu investigación dentro de la disciplina correspondiente (Boote y Beile, 2005).

Este apartado debes construirlo a partir de aportaciones procedentes de diferentes autoras/es u organismos, cuyas ideas debes citarlas debidamente dentro del texto conforme a las normas APA vigentes (ver capítulo 7 de este libro). Como siempre, todas las citas que utilices a lo largo del texto deberás incluirlas posteriormente en el apartado de referencias bibliográficas, ordenadas alfabéticamente. En este sentido, es imprescindible que uses literatura científica actual, pertinente y de calidad, dado que una buena fundamentación teórica no solo aporta solidez a tu TFG, sino que también demuestra tu capacidad crítica para seleccionar, interpretar y aplicar fuentes relevantes en función de los objetivos que te hayas planteado. Es importante tener en cuenta que las universidades disponen de sistemas específicos de detección de plagio y contenidos generados por inteligencia artificial, por lo que es necesario que hagas un uso ético de las fuentes para garantizar la originalidad y, también, la validez académica de tu trabajo. Para profundizar en las herramientas y estrategias de búsqueda documental, te recomendamos la lectura del capítulo 4 de este manual, donde se detallan los recursos disponibles para localizar información académica fiable y actualizada.

En el marco teórico debes establecer las bases conceptuales y analíticas que permiten comprender el fenómeno investigado, sin ser un listado de definiciones. Por ello, has de incluir las teorías, modelos y corrientes de pensamiento que ayudan a explicar el problema, así como los conceptos clave necesarios para su análisis. Si procede, también es importante que incorpores las bases legales que enmarcan el objeto de estudio, especialmente cuando el tema está vinculado a derechos, políticas públicas o a la intervención profesional. Estas referencias permiten entender los marcos institucionales y normativos que pueden condicionar o crear el problema.

El contenido debes organizarlo en subapartados temáticos estructurados de forma lógica. Entre estos apartados, es necesario que incluyas uno que aborde la vinculación explícita de tu estudio con la disciplina social desde la que partes (por ejemplo, el Trabajo Social, la Sociología, Ciencias Políticas o las Relaciones Laborales y Recursos Humanos), indicando qué aporta tu investigación al conocimiento y/o a la práctica profesional en ese campo y viceversa.

2.10. Objetivos

Los objetivos constituyen la guía principal de tu investigación, ya que establecen lo que pretendes alcanzar en relación con la situación, realidad o problema formulado. Deben estar relacionados con tu objeto de estudio y con la lógica interna del mismo. Tu trabajo debe incluir, como mínimo, un objetivo general, que expresa de forma global la finalidad principal de tu investigación, y varios objetivos específicos, que desglosan esa finalidad en partes concretas y operativas. Se recomienda que formules tres objetivos específicos por cada objetivo general, para asegurar una estructura clara y equilibrada del análisis.

Tus objetivos deben estar formulados con verbos en infinitivo y ser claros, alcanzables y evaluables, y deben reflejar de forma precisa el alcance de tu trabajo. No debes utilizar verbos de carácter aspiracional, como demostrar, reivindicar, visibilizar o defender, ya que estos no son realistas y suponen un posicionamiento previo que puede condicionar la objetividad del análisis. Tampoco es recomendable que emplees verbos que aludan a actividades obvias del proceso investigador, como estudiar, investigar o escribir. En su lugar, es preferible utilizar verbos como identificar, analizar, examinar, indagar o comprender, ya que permiten formular objetivos abiertos, sin presuponer los resultados de la investigación.

Veamos, a continuación, un ejemplo de objetivos que podrían considerarse en un TFG de investigación social.

Figura 12. Ejemplo de Objetivos del TFG

Objetivo general:

Analizar los procesos de segregación urbana en contextos de diversidad étnica y su impacto en la cohesión social

Objetivos específicos:

OE 5. Identificar los factores socioeconómicos, políticos y culturales que contribuyen a la segregación urbana en contextos de diversidad étnica

OE 6. Examinar cómo las políticas habitacionales y de planificación urbana influyen en la configuración de barrios segregados y en las oportunidades de los grupos étnicos residentes

OE 7. Explorar las consecuencias sociales de la segregación urbana sobre la cohesión social, especialmente en términos de interacción, percepción del otro y acceso equitativo a recursos y servicios.

En este apartado, y siempre que la naturaleza de tu estudio lo requiera (especialmente en investigaciones de corte cuantitativo), también puedes incluir tus hipótesis de investigación. Estas constituyen proposiciones iniciales que orientan el análisis y cuya finalidad es ser verificadas o refutadas a lo largo del estudio. Deben siempre que guardar coherencia con los objetivos formulados, sirviendo como punto de partida para contrastar relaciones entre variables o fenómenos observados. También es importante que redactes las hipótesis con claridad, precisión y objetividad, evitando cualquier formulación que suponga la anticipación de resultados o conclusiones.

2.11. Metodología

En este apartado debes describir el proceso que has seguido para llevar a cabo tu investigación. Has de incluir toda la información detallada sobre los materiales, métodos, técnicas y fases implicadas en la recogida y el análisis de los datos. La metodología que hayas adoptado debe responder a la naturaleza del objeto de estudio y a los objetivos planteados.

Por tanto, debes explicitar las distintas fases de tu investigación, incorporando, cuando sea pertinente, elementos visuales como esquemas, tablas, gráficos o cronogramas que faciliten la comprensión del procedimiento seguido.

Es necesario que el TFG de investigación social incluya, al menos, los siguientes subpuntos[2]:

5.1. Diseño metodológico: Debes describir el enfoque general y la estructura de tu investigación. Puede ser de carácter cuantitativo, cualitativo o de métodos mixtos, y has de justificar su elección en función de los objetivos planteados y la naturaleza del fenómeno que analizas. Asimismo, has de especificar si el diseño es descriptivo, exploratorio, transversal, correlacional, entre otros, fundamentando cómo este permite obtener información válida y relevante para el análisis de la realidad o problema social investigado.

5.2. Participantes: En este subapartado tienes que describir de manera precisa las características de la población que participa en la investigación, así como los criterios que has utilizado para su selección. Además, has de indicar el tamaño de la muestra, los criterios de inclusión y exclusión, y proporcionar información relevante sobre sus características sociodemográficas (edad, género, origen, nivel educativo, etc.) o las variables que corresponda según el enfoque de tu investigación.

5.3. Técnicas e instrumentos utilizados: Debes detallar y justificar todas las técnicas de investigación, instrumentos y técnicas que has utilizado para la recolección de datos. Pueden ser cuestionarios, escalas, entrevistas, grupos de discusión, grupos focales, entre otros. Es necesario que expliques por qué y en base a qué has elegido estos instrumentos y técnicas, su adecuación al objeto de estudio y, en el caso de que sea aplicable, aportar información sobre su validez y confiabilidad.

5.4. Procedimiento: Tienes que explicar, paso a paso, cómo has realizado la investigación, desde la selección y contacto con la realidad y las personas participantes hasta la aplicación de los instrumentos y técnicas de recogida de datos. Debes especificar el lugar, la duración y las condiciones en las que se ha llevado a cabo el estudio. Asimismo, es imprescindible señalar el cumplimiento

---

[2] Lo numeramos como 5.1, 5.2, etc., porque en el índice general del TFG –presentado previamente en este capítulo-el apartado de Metodología aparece como apartado número 5.

de los principios éticos de la investigación social, tales como el consentimiento informado, la confidencialidad, la voluntariedad de la participación y el respeto a los derechos de las personas participantes, entre otros.

5.5. Análisis de datos: Has de describir los métodos empleados para procesar y analizar los datos recogidos. En estudios cuantitativos, debes detallar las técnicas estadísticas empleadas; en estudios cualitativos, el tipo de análisis (como análisis de contenido, análisis temático y/o codificación abierta). En cualquier caso, debes justificar el desarrollo de estos métodos y, si corresponde, indicar los programas informáticos que has utilizado para ello (por ejemplo, SPSS, R, NVivo, Atlas.ti, etc.).

2.12. Resultados

En este apartado has de exponer de forma ordenada y objetiva los resultados obtenidos, sin incorporar valoraciones personales ni interpretaciones analíticas, las cuales se reservarán para el apartado de discusión.

La presentación de los datos que realices debe responder al tipo de enfoque metodológico adoptado. No obstante, no existe una manera única de hacerlo. En estudios cuantitativos, los resultados pueden mostrarse mediante tablas, gráficos o diagramas, acompañados de descripciones precisas que faciliten su comprensión. En investigaciones cualitativas, los hallazgos suelen organizarse en torno a categorías temáticas, que pueden ser integradas mediante fragmentos significativos de las entrevistas, discursos u otros materiales recogidos durante el trabajo de campo.

Hay que tener en cuenta que un análisis cualitativo permite una mayor flexibilidad en su estructura, siendo posible (según los objetivos y diseño del estudio) entrelazar los resultados con elementos interpretativos, integrando así este apartado con el de discusión. No obstante, cuando se opta por una presentación separada, es fundamental mantener aquí un enfoque estrictamente descriptivo.

2.13. Discusión

En este bloque has de interpretar los resultados obtenidos a la luz de los objetivos (y, en su caso, hipótesis) iniciales del estudio, identificando patrones, relaciones o principios relevantes, así como aquellos aspectos que no han sido resueltos en la investigación. De este modo, la discusión que hagas debe permitir una mayor y mejor comprensión del objeto de estudio analizado, vinculando los hallazgos con otros estudios previos publicados, los cuales puedes haberlos o no citado en el marco teórico. En este sentido, debes confrontar tus resultados con lo que otros autores/as han dicho sobre el tema, señalando coincidencias, divergencias y posibles explicaciones para dichas convergencias o discrepancias.

En este apartado debes realizar oraciones integrando otros estudios, del mismo modo que se realizan en los estudios de Petersson y Hansson (2022) o Finch et al. (2019):

> En particular, los profesionales observaron una disminución del número de solicitudes de refugio. Puede parecer que se trata de patrones diversos e incoherentes, pero de hecho se han descrito informes similares en otros estudios (Peterman et al., 2020).
>
> Como ha identificado Williams (2016), existe la preocupación de que el comportamiento de algunos jóvenes al explorar el entorno político y social existente pueda acelerarse hacia una respuesta securitizada cuando dicha respuesta no es necesaria ni, de hecho, útil.

En este punto puedes señalar también las limitaciones del estudio, mencionando los factores que pudieron haber influido en los resultados y las dificultades enfrentadas durante el proceso de investigación. Tal y como se ha mencionado anteriormente, algunas investigaciones cualitativas pueden integrar esta sección con el análisis de resultados anterior, permitiendo una discusión más orgánica y contextualizada.

La discusión que realices, por tanto, debe proporcionar una reflexión crítica y bien fundamentada que no solo ponga en evidencia que has sabido desarrollar el trabajo, sino que también demuestre tu capacidad para interpretar y contrastar los resultados en el marco de la literatura existente. Esto es lo que realmente contribuye al avance del conocimiento.

2.14. Conclusiones

Las conclusiones que presentes, deben ser coherentes con el desarrollo de todo el TFG, ofreciendo, por una parte, una breve síntesis de los distintos aspectos tratados y evaluando el grado en que has logrado alcanzar los objetivos establecidos. Por otra parte, es fundamental incluir una reflexión crítica, que derive de los planteamientos realizados a lo largo del estudio, evitando caer en especulaciones. Las conclusiones deben resaltar las implicaciones que los resultados tienen para la disciplina desde la que se realiza el estudio, aportando un valor adicional al conocimiento existente. Finalmente, se deben incluir propuestas de posibles líneas futuras de investigación, señalando áreas que aún requieren exploración o que podrían beneficiarse de un enfoque más exhaustivo.

2.15. Referencias Bibliográficas

En este apartado deben figurar todas las fuentes documentales que se han utilizado y citado a lo largo del trabajo, de acuerdo con las normas APA vigentes. Es importante que solo se incluyan aquellas fuentes que hayan sido referenciadas directamente en el cuerpo del trabajo, asegurando así la coherencia y la trazabilidad de la información utilizada.

2.16. Anexos

El apartado de anexos es opcional y sirve para incluir material adicional que aporte valor y claridad al trabajo. En este espacio se pueden adjuntar documentos complementarios, tales como guiones de entrevistas, cuestionarios, transcripciones, tablas de datos o cualquier otro recurso que ayude a contextualizar o entender mejor los resultados y el proceso de investigación.

EJERCICIOS DEL TEMA

❖ Trata de poner un título a tu trabajo siguiendo los criterios que se especifican para ello.

❖ Cuáles crees que podrían ser las palabras clave de tu futuro trabajo.

❖ Diseña los objetivos que consideras que podría tener tu futuro trabajo, teniendo en cuenta los criterios que se presentan en este capítulo.

CAPÍTULO 7. ¿CÓMO DEBEMOS ESCRIBIR EL TFG?

Isabel Royo y María Jesús Berlanga

Departamento de Trabajo Social y Servicios Sociales (Universitat de València)

1. INTRODUCCIÓN

Una redacción adecuada del Trabajo de Fin de Grado (TFG) es fundamental. Tal vez tengas facilidad para escribir, o quizá la redacción no sea tu punto fuerte. En cualquier caso, no te preocupes: En este capítulo te orientaremos y te daremos las claves para que puedas desarrollar una redacción académica de calidad, que evite el plagio y te permita citar correctamente las fuentes bibliográficas utilizadas.

Debes tener presente que un trabajo mal redactado pierde gran parte de su valor. Si no escribes con claridad, si el texto carece de coherencia o si no utilizas correctamente los signos de puntuación, será difícil que logres transmitir tus ideas con eficacia. Además, los errores ortográficos también restan credibilidad y rigor a tu trabajo. Por ello, es esencial cuidar tanto la redacción como la correcta citación de las fuentes. En este capítulo, te daremos recomendaciones para que puedas afrontar esta tarea con éxito y elaborar un buen TFG.

2. CÓMO REDACTAR EL TFG

2.1. Planifica el contenido

El primer paso para redactar un buen trabajo es planificar qué vas a decir y en qué orden. Es importante decidir qué temas tratarás primero y cuáles desarrollarás después. Una vez hayas recopilado la información necesaria, deberás organizarla por temas. Para facilitar este proceso, es recomendable elaborar un esquema previo que incluya los distintos apartados del trabajo. Es posible que más adelante debas modificar ese esquema inicial, pero partir de una estructura clara te ayudará a mantener la coherencia del texto.

2.2. Utiliza frases cortas:

Una vez tengas el trabajo planificado, llega el momento de redactar. Aplica las normas básicas de escritura. Si tienes dudas, lo mejor que puedes hacer es leer artículos ya publicados, fijándote en cómo lo hacen otras personas. Por lo general, se recomienda utilizar frases sencillas, que cuenten con un sujeto, un verbo y un predicado. Comienza con ideas generales y avanza progresivamente hacia aspectos más específicos.

Por otra parte, debes evitar también las frases excesivamente largas o complejas. A veces se tiende a encadenar ideas mediante comas, cuando lo adecuado sería usar puntos. Esto dificulta la lectura y puede generar confusión. Por eso, es preferible que optes por frases cortas y directas.

2.3. Usa adecuadamente los signos de puntuación

La correcta utilización de los signos de puntuación es esencial. Los puntos te ayudan a separar ideas, indicar el final de una oración o marcar una pausa. El punto y aparte, por su parte, se utiliza para iniciar un nuevo párrafo con contenido diferente.

Por otro lado, no subestimes la importancia de la coma. Esta sirve para enumerar elementos o introducir aclaraciones dentro de una oración, como en el siguiente ejemplo: "Mariana González, la trabajadora social del barrio, nos proporcionó información valiosa". Y debes tener en cuenta que un mal uso de la coma puede cambiar completamente el sentido de una frase: no es lo mismo decir "Vamos a comer, niños" que "Vamos a comer niños".

También puedes recurrir al punto y coma, que representa una pausa mayor que la coma, pero menor que el punto. Se emplea especialmente en enumeraciones complejas, creando una lista de elementos que incluyen comas, como en el siguiente caso: "En el trabajo, hemos entrevistado a las trabajadoras sociales de Cardedeu, Barcelona; de Burriana, Castellón; y de Catarroja, Valencia".

2.4. Evita las faltas de ortografía y los errores tipográficos:

Además de hacer un buen uso de los signos ortográficos, es fundamental que tu texto no contenga faltas de ortografía. En un texto académico, los errores ortográficos no tienen cabida. Recuerda que omitir acentos o no usar mayúsculas cuando es necesario, también se consideran faltas de ortografía. Además, debes mantener criterios estables al escribir palabras. Por ejemplo, la expresión "así mismo" también puede escribirse como "asimismo", pero debes elegir una forma y usarla consistentemente a lo largo del trabajo.

Al mismo tiempo, es importante que evites los errores tipográficos, que ocurren al escribir una palabra incorrectamente o al presionar una tecla por error. Estos defectos y las faltas de ortografía pueden afectar la legibilidad y la credibilidad de un texto. Por esta razón, al finalizar la redacción de un apartado, debes releerlo para asegurarte de no haber cometido este tipo de errores y, en su caso, hacer las correcciones pertinentes.

2.5. Emplea un tiempo verbal adecuado:

Otro aspecto al que debes prestar atención es el uso de los verbos. Normalmente, se aconseja redactar en primera persona del plural o en tercera persona del singular. A continuación, se presentan ejemplos de cada forma:

Figura 13. Uso de tiempos verbales

En este apartado **exponemos** las conclusiones principales a las que diversos autoras y autores llegaron.

En este apartado **se exponen** las conclusiones principales a las que diversos autores y autoras llegaron.

Sin embargo, en el apartado de la metodología es importante que emplees prioritariamente el pretérito perfecto o el indefinido, ya que estarás narrando lo que ya has hecho. Por ejemplo: "Durante el trabajo de campo en el barrio de Orriols, hemos entrevistado/se ha entrevistado/entrevistamos a 5 mujeres y 5 hombres".

2.6. Usa las siglas correctamente:

En ocasiones, resulta necesario utilizar siglas. Sin embargo, es importante que no abuses de ellas. Debes reservar su uso para aquellos casos en los que un término se repite con excesiva frecuencia o para los casos en que las siglas son popularmente conocidas (por ejemplo, RENFE, ONU, FMI, etc.). Además, siempre has de introducir primero el término completo, seguido de la sigla entre paréntesis, antes de emplear esta última en el resto del texto. Por ejemplo: "La inteligencia artificial (IA) ha venido a revolucionar el mundo académico".

2.7. Cuida la coherencia textual:

Una vez abordados algunos aspectos fundamentales, conviene recordar que un buen trabajo académico no debe presentar sus contenidos como una simple suma de temas inconexos. Para evitarlo, es fundamental establecer una adecuada conexión entre ideas. Esto lo puedes lograr mediante el uso de párrafos introductorios y conclusivos en cada apartado.

Los párrafos introductorios permiten enlazar el contenido de un nuevo apartado con lo tratado previamente. A continuación, te presentamos un ejemplo:

Figura 14. Ejemplo de párrafo introductorio de enlace de ideas

2. CONSECUENCIAS PSICOLÓGICAS DE LA VIOLENCIA DE GÉNERO EN LAS MUJERES

Tras definir lo que es la violencia de género, en este apartado vamos a profundizar en las consecuencias psicológicas que esta puede conllevar en las mujeres que la sufren. En concreto, analizaremos la baja autoestima que acompaña a aquellas mujeres que han sufrido este fenómeno y el temor a que les pueda volver a ocurrir en futuras relaciones.

Por otro lado, los párrafos finales cumplen la función de anticipar el contenido del siguiente apartado, asegurando así una transición fluida entre temas. Aquí tienes otro ejemplo:

Figura 15. Ejemplo de párrafo final conector de ideas

Al mismo tiempo, debemos reflexionar si estos impactos psicológicos de la violencia, también se dan en los hijos e hijas de esta relación, quienes muchas veces son testigos directos de la misma. Por ello, en el siguiente apartado nos centramos en los efectos que la violencia de género conlleva para los y las menores que conviven con el maltratador y su víctima.

No obstante, para lograr una redacción verdaderamente coherente, no basta con que incluyas párrafos de enlace. También es necesario que conectes adecuadamente todas las frases del texto, lo que se consigue a través del uso de conectores gramaticales. A continuación, se presentan algunos de los más comunes, siguiendo a González et al. (2014):

Figura 16. Conectores comunes

Comparativos:

También; del mismo modo; igualmente; de la misma forma; de modo similar; asimismo; paralelamente…

Aditivos:

Además; también; por añadidura; es más; incluso…

Reiterativos:

Merece la pena subrayar; cabe destacar; es necesario incidir; no hay que olvidar; conviene recordar; ….

De ejemplo:

Por ejemplo; prueba de ello; en otras palabras…

De comienzo:

En primer lugar; primeramente; inicialmente; para comenzar; …

Temporales:

Después de; tras hablar de; antes de; luego; como hemos dicho anteriormente; a continuación….

Para contrastar ideas:

A pesar de ello; contrariamente; pero; sin embargo; aunque; no obstante; por otra parte; en cambio; por el contrario; frente a ello….

Relaciones de causa y efecto:

Por tanto, por consiguiente; como consecuencia; por esta razón; entonces; de modo que…

Conectores de transición:

Por otra parte; por otro lado; a continuación; seguidamente; de esta forma; por ello…

Para acabar el discurso:

En síntesis; en resumen; por último; finalmente; para concluir…

El uso adecuado de estos conectores enriquecerá notablemente tu redacción. Observa la diferencia entre un texto sin conectores y otro que los emplea correctamente:

Figura 17. Ejemplos de párrafos con y sin conectores

Ejemplo sin conectores:

En este trabajo abordamos las consecuencias de la violencia de género para las mujeres. Vamos a definir lo que es la violencia de género. También procederemos a hablar de sus efectos psicológicos. Y abordaremos los distintos tipos de impacto.

Ejemplo con conectores:

En este trabajo abordamos las consecuencias de la violencia de género para las mujeres. **Inicialmente**, definiremos lo que es la violencia de género. **A continuación**, procederemos a hablar de sus efectos psicológicos. **Y finalmente,** abordaremos los distintos tipos de impacto.

2.8.Introduce adecuadamente los fragmentos literales de tus entrevistas:

Otro tema que debemos abordar es el de cómo debes introducir fragmentos literales, fruto de tu trabajo de campo. Cada vez más, se realizan TFG que emplean una metodología cualitativa o mixta. En estos casos, es habitual que se deban incorporar citas literales procedentes de las entrevistas, para ejemplificar alguna idea. En las normas APA se ofrecen algunas orientaciones al respecto. Debes recordar que al final de la cita literal, debes identificar a la persona que ha realizado esta afirmación, utilizando su nombre (real o ficticio o con cualquier otro criterio como Informante n°1 o I.1) entre paréntesis, garantizando siempre la confidencialidad de tus informantes, tal como se presenta en el ejemplo.

"Mi marido empezó a pegarme cuando llevábamos 2 años casados (…). A mis hijos nunca los tocó" (I.1).

2.9.Usa un lenguaje de género neutro:

Del mismo modo, es fundamental que hagas uso de un lenguaje inclusivo y de género neutro en la redacción académica. En la actualidad, el uso del masculino genérico sigue siendo común, pero esta práctica puede contribuir a la invisibilización de las mujeres. Para evitarlo, puedes utilizar el uso de pronombres neutros y sustantivos inclusivos, como "las personas" o "el ser humano", en lugar de "el hombre". Para profundizar en este tema, puedes consultar la *Inclusive Language Guide* (American Psychological Association, 2023) y la *Guía de Igualdad en el Lenguaje* de la Universidad de Valencia, ambas disponibles en línea.

2.10.   Revisa lo que has escrito:

Una vez finalizada la primera versión de tu trabajo, es imprescindible que lo releas con detenimiento. Esta revisión te permitirá detectar y corregir errores, además de mejorar la calidad de la redacción. Siempre encontrarás fragmentos que pueden optimizarse.

No olvides que también puedes pedirle a una compañera o compañero que revise tu texto. Un lector externo puede ayudarte a identificar problemas de comprensión o errores que se te hayan pasado por alto.

3. POR QUÉ Y CÓMO UTILIZAR NORMAS APA PARA CITAR LAS FUENTES BIBLIOGRÁFICAS

Las normas de la American Psychological Association (APA) son las normas internacionales de estilo y citación de fuentes en los textos académicos dentro del ámbito de las Ciencias Sociales. Y son las que debes utilizar en tu TFG para citar la bibliografía empleada. Para facilitar tu trabajo, te recomendamos consultar siempre las fuentes oficiales de las normas APA vigentes, cuando tengas dudas sobre cómo referenciar algún material.

3.1.Cómo citar con normas APA dentro del texto

Al escribir tu TFG siempre debes citar la fuente bibliográfica que has empleado para expresar una idea, ya sea una persona, varias o una institución. Debes saber que existen dos tipos de citas:

a) Las citas literales, que son aquellas en las que copias literalmente lo que ha escrito otra persona. Las citas que son cortas se deben escribir dentro del texto, entrecomillándolas. Si es cita literal, siempre debe aparecer el número de la página de la que se extrae, junto al año de edición (si en el material no apareciera el año de edición, se debería poner s.f., acrónimo de sin fecha). Por ejemplo: Martínez (2015, p. 24) explica que "la violencia de género es un efecto de la cultura patriarcal". Sin embargo, puedes escribir una frase de maneras distintas:

Figura 18. Ejemplos de cómo citar literalmente

Martínez (2015, p. 24) explica que "la violencia de género es un efecto de la cultura patriarcal".

Tal como explica Martínez (2015), "la violencia de género es un efecto de la cultura patriarcal" (p. 24).

En este sentido, podemos afirmar que "la violencia de género es un efecto de la cultura patriarcal" (Martínez, 2015, p. 24).

Sin embargo, si la cita es más larga, debes copiar en un texto aparte, en bloque y sin entrecomillado. Al finalizar la cita has de poner punto final y, seguidamente, entre paréntesis debe aparecer la/el autora/or, el año de edición y el número de página, sin colocar un punto después, tal como exponemos en el siguiente ejemplo:

La violencia de género es una problemática muy seria que afecta a muchas personas en todo el mundo. Se refiere a cualquier acto de violencia o abuso basado en el género de la víctima, generalmente dirigido hacia las mujeres, aunque también puede afectar a personas de otros géneros. Esta violencia puede manifestarse de muchas formas, como agresiones físicas, psicológicas, sexuales o económicas, y tiene profundas consecuencias en la vida de quienes la sufren, afectando su bienestar, seguridad y derechos humanos. (Martínez, 2015, p. 24)

b) Las citas parafraseadas son aquellas en la que cuentas con tus propias palabras lo que dice otro/a autor/a. Y en este caso, también estás obligada/o a especificar la fuente. Aunque en este caso no es obligatorio especificar la página de donde extraes la información, sí que resulta recomendable. Veamos algunos ejemplos:

Figura 19. Ejemplos de citas parafraseadas

Tal como expresa Martínez (2015), la cultura patriarcal es uno de los fundamentos de la violencia de género.

Podemos decir que la cultura patriarcal desempeña un importante papel en la violencia de género (Martínez, 2015, p. 24).

La violencia de género puede manifestarse de muchas formas (OpenAI, 2023).

Si se trata de un material escrito por dos autoras/es, en la cita deberán aparecer los apellidos de ambos. Debes saber que frecuentemente se escriben los dos apellidos de una autor/a, unidos por un guion. Por ejemplo: (Villa-Rueda y Rodríguez, 2024) o Villa-Rueda y Rodríguez (2024).

Pero si el número de autoras/es es superior a dos, en este caso, se pondrá únicamente el apellido del primer autor/a, seguido de et. al. y el año de publicación. Por ejemplo, en un texto escrito por Pablo Oñate, José Manuel Rivera y Carmen Ortega, la cita será: (Oñate et al., 2023) o Oñate et al. (2023). Y recuerda que debes respetar las decisiones de autoría manteniendo el orden en que aparecen en la publicación.

Por otra parte, existen ocasiones en las que deseas citar una autora/or que ha sido nombrado en otro texto por otra persona, al no haber podido acceder al texto original. Por ejemplo, si en el texto de Martínez (2015), se habla del artículo de Gómez (1983) que deseas referenciar en tu trabajo, puedes hacerlo del siguiente modo: (Gómez, 1983, como se citó en Martínez, 2015).

Del mismo modo, dado el creciente uso de la inteligencia artificial generativa (IAG) en el ámbito académico, es esencial citarla adecuadamente si la utilizas en la elaboración de tu TFG. A continuación, te presentamos un modelo de cita directa o textual en bloque (de 40 palabras o más), conforme a las normas APA, 7ª edición:

Figura 20. Cómo citar un fragmento extraído de la IAG

La diversidad cultural se refiere a la coexistencia de diferentes culturas, etnias, religiones, idiomas y tradiciones dentro de una sociedad. Esta diversidad enriquece a las comunidades al fomentar el intercambio de ideas, la innovación y el entendimiento mutuo. La diversidad cultural puede manifestarse en diversas formas. (OpenAI, 2025)

3.2. Cómo elaborar las Referencias, según normas APA

Todas las citas que hayas empleado en tu trabajo, deberán aparecer posteriormente en el apartado de Referencias. Estas deberán estar ordenadas alfabéticamente a partir del primer apellido del autor/a o el nombre de la institución. Para ello, deberás emplear la sangría francesa, como en el siguiente ejemplo:

Figura 21. Ejemplo de referencia bibliográfica con sangría francesa

Ávila, G. J. (2021). Diagnóstico social en trabajo social: conceptos clave y
metodología para su elaboración. *Margen: Revista de Trabajo Social y
Ciencias Sociales*, (100), 1-28.
https://www.margen.org/suscri/margen100/Avila-100.pdf

Cada uno de los materiales bibliográficos que vayas a incorporar en este apartado, deberá incluir: autoría, fecha, título, fuente y/o enlaces (este último únicamente si se trata de material en línea). Y la referencia dependerá de si se trata de un libro, un artículo en una revista o un artículo en un libro, entre otros. A continuación, vamos a ver algunos ejemplos:

Figura 22. Ejemplos de cómo citar material bibliográfico

Cita de un libro impreso:

Apellido, N. (año). *Título del trabajo.* Editorial.

Villanueva, M. (2024). *La violencia de género.* Anagrama

Cita de un libro en línea:

Apellido, N. y Apellido, N. (año). *Título del libro.* Editorial. DOI o URL

Villanueva, M. (2024). *La violencia de género.* Anagrama. https://doi.org/10.1080/20473869.2022.2066248

Cita de un capítulo de libro:

Apellido, A. y Apellido, B. (año). Título del capítulo. En N. Apellido (Ed.), *Título del libro* (pp. xx-xx). Editorial. https://doi.org/xxxxxxxxx

Villanueva, M. y Ballester, C. (2023). La diversidad cultural como riqueza. En E. Badenes (Ed.), *Ciudadanía del mundo* (pp. 27-45). Anagrama. https://doi.org/10.1080/20473869.2022.2066248

Cita de artículo de revista:

Apellido, A., Apellido, B. y Apellido, C. (2019). Título del artículo específico. *Título de la Revista, volumen*(número de la revista), número de página inicio – número de página fin. https://doi.org/xx.xxxxxxxxxx

González, R. y Martínez-García, E. (2022). El impacto de la violencia de género en la familia. *International Journal of Family,* 19(4), 23-39.

Por otra parte, si deseas contribuir a la visibilización de la producción científica de las mujeres, es recomendable que, al citar las fuentes utilizadas, incluyas el nombre completo de las autoras y autores entre corchetes en las referencias bibliográficas, en lugar de usar únicamente las iniciales. Esta práctica ayuda a reconocer adecuadamente la autoría femenina y a reducir el sesgo de género en las citaciones académicas. A continuación, te mostramos algunos ejemplos de cómo hacerlo:

Figura 23. Referencias que visibilizan las aportaciones de las mujeres

González García, J. M. [Juana María], León Mejía, A. [Ana] y Peñalba Sotorrío, M. [Mercedes]. (2014). *Cómo escribir un Trabajo Fin de Grado: algunas experiencias y consejos prácticos.* Síntesis.

González Teruel, A. [Aurora] y González Alcaide, G. [Gregorio]. (noviembre de 2020). Recursos de interés. En G. [Gregorio] González, J. [Javier] Gómez, C. [Carmen] Corna, A. [Aurora] González y F. [Francisca] Abad, *Plagio en trabajos académicos: diagnóstico y prevención* (pp. 50-58). Universitat de València. https://roderic.uv.es/rest/api/core/bitstreams/2e2f1929-d108-43d3-ad69-2fa1eddc0c79/content

Como puedes ver, algunas de las referencias anteriores se ubican en páginas web. Pero, además, debes aprender a citar las páginas web de organizaciones que emplees en tu trabajo, como es el caso de las que pertenecen a ONG y asociaciones. A continuación, te explicamos cómo hacerlo y te mostramos algún ejemplo:

Figura 24. Cómo citar la página web de una organización

Nombre de la organización. (día de mes y año). *Título de la página o sección.* Nombre del sitio web (si es diferente del autor/a). https://www.direccionweb.com

Ejemplo:

Cruz Roja Española. (12 de abril de 2023). *Programas de intervención social.* https://www.cruzroja.es/programas-intervencion-social

Por otra parte, la IAG se está incorporando cada vez más en el ámbito académico. Sin embargo, su uso requiere consideraciones éticas y un rigor adicional. Por ello, muchas universidades han desarrollado guías específicas para orientar al estudiantado en el uso adecuado de estas herramientas. Por su parte, la American Psychological Association (APA) también ofrece directrices sobre cómo citar la IAG en textos académicos, como el TFG. Si has utilizado una herramienta de IAG, como ChatGPT, para generar contenido que incluyes en tu trabajo, debes citarla correctamente en el apartado de Referencias. Según las recomendaciones de APA, la cita en la lista de referencias debe seguir el siguiente formato:

Figura 25. Referencia de IA

OpenAI. (2025). *ChatGPT* (versión que se utilizó) [Modelo de Lenguaje de Gran Tamaño]. https://chat.openai.com/chat

EJERCICIOS DEL TEMA

❖ Redacta un párrafo aplicando las normas de escritura que has visto en este capítulo.

❖ Construye tres citas (una de un artículo revista, una de un capítulo de libro y otra de una página web) aplicando las normas APA que se te han proporcionado en el capítulo.

CAPÍTULO 8. PRESENTACIÓN Y DEFENSA ORAL PÚBLICA

Enric Sigalat Signes y Angel Joel Méndez López

Departamento de Trabajo Social y Servicios Sociales (Universitat de València)

1. LA EXPOSICIÓN Y DEFENSA ORAL DEL TFG

El Trabajo Final de Grado, además de presentarlo en los plazos establecidos normativamente y con los formatos expresamente requeridos, deberás exponerlo ante los miembros de una Comisión evaluadora. En el caso de que deba someterse a una evaluación ante tribunal —es decir, realizar la presentación y defensa oral pública de tu TFG—, es importante que tengas en cuenta una serie de recomendaciones, con el fin de evitar que tu presentación se convierta en un difícil examen. Algunas de las sugerencias que debes tener en cuenta serían:

- Aceptar tus nervios como algo normal, pues todo el mundo se pone algo nervioso.
- La clave es no dejar que tus nervios o tu posible ansiedad te controlen.
- La exposición y defensa oral de tu TFG no es un juicio, sino una oportunidad para que puedas demostrar lo que has aprendido a lo largo de esta etapa formativa.
- ¡Tú sabes mucho sobre tu tema y te lo has trabajado! Así que confía en tu esfuerzo.

Una vez redactado y entregado tu Trabajo de Fin de Grado (TFG), debes realizar su exposición y defensa ante un tribunal académico. La defensa del mismo consiste en una presentación pública por tu parte, y se estructura, de forma general y resumida, en las siguientes fases:

a) Presentación oral del trabajo

En esta etapa, expones de forma clara, coherente y estructurada los aspectos más relevantes del trabajo realizado. La presentación que realices debe centrarse principalmente en los siguientes apartados:

- Introducción y planteamiento del problema

- Objetivos y justificación

- Metodología utilizada

- Resultados y análisis

- Conclusiones y recomendaciones

b) Preguntas del tribunal

Una vez finalizada la exposición, el tribunal puede formularte preguntas. Normalmente, estas tienen como objetivo aclarar conceptos que no hayan quedado suficientemente explicados o proponer posibles mejoras del trabajo. Se recomienda responder con precisión, fundamento y seguridad, demostrando un buen conocimiento del tema tratado.

Para afrontar estas dos partes con éxito, a continuación, se ofrecen una serie de sugerencias y recomendaciones que te permitirán ganar confianza y seguridad el día de la presentación y defensa oral del trabajo.

2.PREPARACIÓN DE LA EXPOSICIÓN Y DEFENSA ORAL DEL TFG

La defensa oral o exposición del TFG constituye una de las partes más importantes del Trabajo Final de Grado, ya que en la misma deben demostrarse los conocimientos que has adquiridos a lo largo de tu carrera. También debes justificar cómo se ha desarrollado tu proyecto, cuál es su relevancia y a qué conclusiones has arribado. Todo ello debe complementarse con la explicación de los conceptos más destacados de tu investigación.

2. 1. Preparación del contenido

2.1.1. Conocimiento del trabajo

- *Domina tu investigación o intervención*: asegúrate de conocer a fondo cada parte del trabajo realizado. Es importante anticipar posibles preguntas del tribunal y prepararte para responder con claridad y seguridad.

- *Identifica los puntos clave:* define los aspectos fundamentales de tu trabajo, como los objetivos, la metodología empleada, los hallazgos obtenidos y las conclusiones principales.

- *Ensaya posibles respuestas:* prepara respuestas para preguntas frecuentes, especialmente aquellas relacionadas con la metodología, los datos obtenidos, el análisis y las conclusiones.

2.1.2. Estructura de la presentación

–   Introducción impactante: comienza con una breve explicación del propósito de tu trabajo y su relevancia en el contexto académico, social o profesional.

–   Desarrollo claro y conciso, estructurado en los siguientes apartados (ten una estructura fácil de seguir).

   o   Planteamiento del problema

   o   Objetivos y justificación

   o   Metodología utilizada

   o   Resultados y análisis

   o   Conclusiones y recomendaciones (incluyendo posibles propuestas de mejora o líneas futuras de trabajo)

–   Cierre sólido: finaliza reafirmando la importancia del trabajo realizado y destacando su aportación al campo de estudio correspondiente.

2.1.3. Diseño de la presentación

Saber hacer una buena presentación no solo implica conocer a fondo un tema, sino también ser capaz de sintetizarlo de manera efectiva, en unas pocas diapositivas e imágenes, que te permitan comunicar la idea central del proyecto de forma clara. La presentación que hagas debe ser sencilla, evitando incluir información superflua o recargar las diapositivas con demasiados datos. En este caso, el principio de "menos es más" es perfectamente aplicable a tu caso singular.

Si decides utilizar un soporte visual, y pasar diapositivas, es recomendable tener en cuenta las siguientes consideraciones para garantizar una presentación clara, atractiva y efectiva:

–   Menos texto, más elementos visuales: prioriza el uso de gráficos, tablas, esquemas e imágenes relevantes en lugar de cargar las diapositivas con demasiado texto. El contenido visual que utilices ayuda a captar la atención y facilita la comprensión.

–   Tipografía legible: elige una fuente clara y de tamaño adecuado. Evita tipografías muy decorativas o demasiado pequeñas, ya que dificultan la lectura, especialmente a distancia.

- Colores y diseño: utiliza una paleta de colores sobria y coherente. Los tonos muy vivos o contrastes excesivos pueden resultar molestos o distraer. No abuses de los colores en los textos o en los fondos. Opta por un diseño limpio y profesional, sin elementos innecesarios que resten claridad o seriedad a la presentación.

- Número de diapositivas: ajusta la cantidad de diapositivas al tiempo disponible. Por lo general, entre 8 y 10 diapositivas son suficientes para una exposición clara y concisa, siempre que estén bien estructuradas.

- Las diapositivas deben ser un apoyo visual, no un guión para leer. Son una herramienta para reforzar tu presentación; lo que el tribunal espera de ti es verte y escucharte defendiendo tu trabajo, el cual ya han leído previamente.

- Si decides añadir imágenes, fotografías, videos o sonido a tu presentación, asegúrate de que los formatos que utilices sean compatibles con el ordenador de la sala donde se realizará la defensa oral del trabajo. No dejes nada al azar ese día; prepárate bien para que el esfuerzo que has puesto en tu trabajo no se vea afectado.

2.2. La expresión oral y el lenguaje corporal

2.2.1. El tono de voz y ritmo

- Habla con claridad y confianza: vocaliza y articula las palabras de manera clara y precisa, de modo que tu mensaje se comprenda fácilmente. No murmures ni hables demasiado rápido. Asegúrate de que tus ideas se entiendan con facilidad.

- Habla despacio, haz pausas, respira. Imagina que cuentas una historia interesante. ¡No recites, ni leas!

- Haz pausas estratégicas (control del ritmo): detenerte brevemente te ayudará a resaltar las ideas importantes y a que el tribunal asimile mejor la información.

- Evita las muletillas: practica para reducir expresiones como "mmm" o "eehhh", que pueden restar fluidez a tu exposición.
  Domina las ideas clave, no un texto de memoria. Comprender lo que estás diciendo y conocer el orden de tus ideas hará que tu exposición sea más natural y fluida.

2.2.2. El lenguaje corporal (no verbal)

- Mantén contacto visual: no mires solo a una persona. Reparte la mirada entre todos los miembros del tribunal para mostrar seguridad y cercanía.

- Adopta una postura firme y natural: evita balancearte o cruzar los brazos. Mantente erguido/a, relajado/a y con actitud profesional.

- Usa gestos moderados: acompaña tus palabras con gestos naturales de las manos, sin exagerar. No las escondas ni las metas en los bolsillos; deben apoyar tu discurso y permanecer visibles.

2.2.3. El control del tiempo

- Ajusta tu presentación al tiempo asignado. Ensayar al menos un par de veces antes de la defensa oral te permitirá no solo comprobar que no excedes el límite de tiempo establecido -no más de 20 minutos-, sino también ganar fluidez y seguridad en la exposición.

- Apóyate en un cronómetro durante los ensayos. Así podrás identificar qué partes conviene resumir, agilizar o, por el contrario, desarrollar con más detalle según el ritmo de tu intervención.

2.2.4. Ensayos previos a la defensa oral

- Simula la defensa: presenta tu trabajo delante de familiares, amigos o compañeros. Su retroalimentación puede ayudarte a detectar aspectos que quizá no habías considerado.

- Grábate: utilizar tu móvil para grabarte en vídeo o audio es muy útil. Al verte o escucharte, podrás detectar errores en la postura, el tono de voz o la claridad del discurso, y corregirlos antes del día de la defensa.

2.3. El manejo de preguntas del tribunal

- Escucha con atención. Deja que la persona termine de formular la pregunta antes de responder. No interrumpas ni contestes de forma apresurada.

- Mantén la calma si no sabes la respuesta. Reconoce tus limitaciones. También puedes decir algo como: *"Esa es una buena pregunta. Lo que puedo aportar al respecto es..."* y vincularlo con información que domines.

- Responde con precisión. Evita respuestas largas o repetitivas. Sé claro y ve directo al punto y responde de manera precisa.
- Recibe las sugerencias con actitud positiva. Es habitual que el tribunal proponga mejoras para tu trabajo. No lo tomes como una crítica personal: piensa que pueden ser útiles si decides publicar tu TFG o continuar investigando en esa línea.
- Agradece las sugerencias recibidas.

3. GUÍA PARA PREPARAR Y PRESENTAR TU DEFENSA

3.1. Redacta el guión de tu defensa

- Estructura tu presentación en partes claras:

  o Presentación personal

  o Introducción al tema

  o Planteamiento del problema

  o Objetivos

  o Metodología

  o Resultados

- Conclusiones

- Cierre

- Utiliza un lenguaje claro, formal y conciso.

- Practica cómo enlazar cada sección para lograr fluidez.

3.2. Crea el material de apoyo

- Diseña un póster o presentación visual con:

  - Título del trabajo y nombre del autor/a y tutora/or.

  - Objetivo general y específicos.

  - Metodología (de forma esquemática o con íconos).

  - Resultados (usa gráficos o imágenes si es posible).

  - Conclusiones destacadas.

- Cuida el diseño: utiliza colores suaves, tipografía legible y poco texto por sección.

3.3. Ensaya la presentación

- Practica varias veces tu discurso.

- Apóyate en tu póster o presentación como guía visual.

- Ensaya frente a un espejo, compañeros o grábate para mejorar tu expresión y tono.

- Familiarízate con el orden de las diapositivas o secciones del póster.

3.4. Controla el tiempo

- Cronometra tu presentación en los ensayos.

- Distribuye tu tiempo así:

  - Introducción y presentación: 1 min

  - Desarrollo (problema, objetivos, metodología y resultados): 6-7 min

  - Conclusión y cierre: 1-2 min

- No te extiendas más del tiempo asignado.

3.5. *Durante la presentación*

- Preséntate con claridad: nombre completo y título del trabajo.

- Adopta una actitud positiva y segura:

  o Mantén contacto visual.

  o Usa un tono de voz pausado y firme.

  o Evita leer todo el guion, habla con naturalidad.

- Cierra agradeciendo:

"Muchas gracias por su atención. Quedo atenta/o a sus preguntas y sugerencias."

3.6. *Responde al tribunal*

- Escucha con atención cada intervención.

- Anota preguntas o sugerencias en una libreta u hoja.

- Agradece cada comentario antes de responder:

"Gracias por su observación, considero que…"
"Agradezco la sugerencia, y en efecto…"

- Si no tienes una respuesta exacta:

"Es un aspecto muy interesante que merece profundización. Lo tomaré en cuenta."

Finalmente, resulta fundamental prever las posibles preguntas que el Tribunal podría formular durante la defensa de tu TFG. A continuación, compartimos algunas posibles preguntas basadas en ejemplos prácticos para la correcta defensa de tu TFG:

- ¿Por qué se ha elegido el tema de investigación?
- Aportaciones que se realizan desde el TFG al área de estudios.
- ¿El tema será siendo investigado en un futuro por la o por el estudiante?
- Principales limitaciones del TFG.
- Fuentes bibliográficas más relevantes a lo largo del proyecto.

En relación a esta última cuestión, es importante resaltar que las referencias y fuentes bibliográficas te ofrecen una mayor confiabilidad al trabajo que has realizado, razón por la cual es importante que argumentes por qué los has elegido.

EJERCICIO DEL TEMA

❖ Una vez redactado e impreso el trabajo, prepara un guión siguiendo la estructura y las consideraciones indicadas para la defensa oral. Graba los ensayos en video y realiza un sencillo repaso (checking) para asegurarte de que todo esté bien organizado y fluido.

Punto a evaluar / Esquema para la Defensa Oral / Checklist	Sí	No
¿Te has presentado correctamente al tribunal? *Comienzas presentándote y agradeciendo la presencia del tribunal.*		
¿La estructura de la presentación es clara? *Resume de manera clara y concreta las ideas principales de cada apartado.*		
¿Has hablado de manera pausada y entendible?		
¿Has ajustado la presentación al tiempo estipulado?		
¿Hay coherencia entre el documento visual de apoyo y el discurso?		
¿Has cerrado correctamente la presentación? *Das paso a las preguntas del tribunal y agradeces su atención*		

CAPÍTULO 9. ¿CÓMO SE EVALUARÁ TU TFG? RÚBRICA DE EVALUACIÓN DEL TRABAJO ESCRITO Y DE LA EXPOSICIÓN ORAL

Mercedes Botija y María Jesús Berlanga

Departamento de Trabajo Social y Servicios Sociales (Universitat de València)

1. INTRODUCCIÓN

Una de las preguntas que como estudiante te harás mientras elaboras el TFG es: ¿Cómo me van a evaluar? En este capítulo vamos a intentar darte respuesta a esta pregunta.

La evaluación del Trabajo Fin de Grado (TFG) en las Ciencias Sociales y otras afines, es un proceso fundamental para garantizar que, como estudiante, hayas adquirido las competencias profesionales necesarias. No podemos olvidar que la obligatoriedad del TFG en el marco del Espacio Europeo de Educación Superior, ha promovido un enfoque basado en la evaluación de competencias, garantizando que hayas desarrollado habilidades de investigación, intervención social y reflexión crítica (Martínez-Fuentes y Pastor, 2014).

En este capítulo, te hablaremos de la importancia de la evaluación en el TFG, del rol de la rúbrica como herramienta evaluativa y sus implicaciones en tu formación, como futuro o futura profesional de lo social. Así mismo te presentamos unos ejemplos de rúbrica de evaluación, que te podrán servir para conocer los criterios básicos que se suelen seguir para la valoración de los trabajos.

2. LA EVALUACIÓN DE LAS COMPETENCIAS Y LA RETROALIMENTACIÓN AL ALUMNADO

La evaluación de un TFG debe estar alineada con los objetivos formativos y fomentar un enfoque basado en *competencias* (Biggs y Tang (2011)–es decir, tu capacidad como estudiante de emplear globalmente los conocimientos adquiridos en tus estudios de grado, así como las destrezas y las actitudes que se requieren para dar solución a problemas concretos (Reyes, 2013)-, permitiéndote demostrar la capacidad analítica, crítica y reflexiva sobre la problemática social abordada en tu TFG (Curbelo, 2023; Fernández-March, 2022). Como dicen Tardif (2006) y Fernández March (2022), esta evaluación debe realizarse mediante un seguimiento progresivo de tus competencias a lo largo del tiempo. Durante este proceso, tus tutoras y tutores te ofrecerán un *feedback* de los avances que les hayas entregado –normalmente el profesorado te marcará los plazos en los que deberás ir realizando diversas entregas a medida que avanza el trabajo-. Y esta evaluación continua debe ser entendida más como un diálogo interactivo entre tú y el profesorado, que como una mera transmisión de información (Reyes, 2013). Todo ello, te permitirá recibir una retroalimentación constante y mejorar tu proceso de aprendizaje (Scallon, 2000). Este punto de vista externo, también puede provenir de tus compañeras y compañeros, con quienes puedes compartir los avances realizados para, desde una visión externa, ayudaros mutuamente (Fernández March, 2022). Y al mismo tiempo, debes practicar un proceso de autoevaluación continuo (Ibid., 2022), para lo que te podrás apoyar en la herramienta de la rúbrica. La cual te explicamos en el siguiente apartado.

3. LA RÚBRICA COMO HERRAMIENTA DE EVALUACIÓN

El uso de la rúbrica en la evaluación del TFG en las Ciencias Sociales y otras afines, responde a la necesidad de establecer criterios más claros y objetivos de aquello que se va a valorar en tu trabajo, ayudando a reducir la subjetividad en el proceso evaluativo (Andrade, 2005). Asimismo, este instrumento también te va a facilitar tu propia autoevaluación (Andrade, 2005), facilitándote tu autorregulación en el proceso de aprendizaje, una vez comprendidos los criterios de calidad que se te van a demandar (Fernández March, 2022; Curbelo, 2023). Pues la rúbrica te va a permitir comprender con anticipación los criterios de evaluación, favoreciendo una mayor preparación y reflexión sobre tu propio trabajo (Sadler, 1989). Permitiéndote, a su vez, aprender de los errores y mejorar tus habilidades académicas y profesionales.

Es por este motivo que, en este capítulo, presentamos tres rúbricas de evaluación: una sobre la evaluación del trabajo escrito de un TFG de intervención; otra para valorar el trabajo escrito de un TFG de investigación; y la tercera, que te orientará para saber cómo se evaluará la exposición oral de tu trabajo de fin de grado, en cualquiera de sus modalidades.

4. PROCEDIMIENTO DE EVALUACIÓN DEL TFG

Cada universidad tiene su propio reglamento de TFG. Según el Reglamento del Trabajo de Fin de Grado de la Universidad de Valencia[3], el estudiantado deberá realizar la defensa pública de su TFG en las condiciones establecidas en la memoria de verificación de cada título. Pero si la memoria no recogiera este aspecto, se deberá especificar la forma en que deberá ser presentado y evaluado según las normas específicas del TFG (recogidas en las guías docentes de esta asignatura en cada titulación).

Habitualmente, la persona que tutoriza tu TFG, deberá emitir un informe sobre tu proceso y el resultado final de tu trabajo. Este informe, entre otros aspectos, evaluará aspectos como el proceso de elaboración del TFG; la asistencia a los talleres formativos obligatorios –si en tu titulación los hay-; si como estudiante has acudido a las tutorías pertinentes; si has incorporado los cambios que tu tutor o tutora te ha planteado; o si has realizado las distintas entregas en el plazo establecido.

Posteriormente deberás hacer una exposición oral de tu TFG ante un tribunal o mediante el sistema que se establezca en tu universidad (ver capítulo 8 de este libro). Se organizarán tantos tribunales como haga falta para poder evaluar todos los TFG. Estos estarán compuestos por profesorado de tu titulación y, en algunos casos, de otras afines. Este tribunal evaluará tanto tu trabajo escrito como la exposición oral que realizarás. Con el resultado obtenido, se rellenará un acta en la que se especificará tu nota final obtenida, el día de la defensa y la hora en que ha tenido lugar el tribunal. Será este mismo tribunal el que determine si alguno de los TFG presentados merece una matrícula de honor. Posteriormente, si consideraras que la calificación que has obtenido no ha sido justa, podrías impugnarla, siempre argumentando los motivos y siguiendo el procedimiento establecido por cada universidad.

Los principales aspectos que el tribunal valorará, están recogidos en las rúbricas que exponemos en el siguiente apartado.

5. DOS EJEMPLOS DE RÚBRICAS

Puesto que es mejor ver lo que explicamos con ejemplos concretos, a continuación, te presentamos tres modelos de rúbrica que son empleados en el Grado de Trabajo Social de la Universidad de Valencia. Si en tu titulación no se dispone de rúbricas,

---

[3] Aprobado por el Consejo de Gobierno de 2 de julio de 2024. ACGUV 206/2024

las que aquí te ofrecemos te pueden servir de guía para saber cuáles son los principales aspectos que se valoran en un TFG.

Como puedes observar, en este ejemplo, el trabajo escrito se valora con una nota máxima de 8, mientras que la exposición oral contabilizaría con un máximo de 2 puntos. Y en ellas, en la columna de la derecha, puedes observar la valoración que se otorga a cada aspecto del trabajo.

5.1.RÚBRICA PARA LA EVALUACIÓN DE UN TFG DE INVESTIGACIÓN O INTERVENCIÓN

	Excelente (9-10)	BUENO (7-8'99)	MEJORABLE (5-6'99)	HAY QUE MEJORAR	
PRESENTACIÓN	El TFG cumple con todos los criterios siguientes: a) Incluye los apartados básicos del TFG b) El TFG posee una maquetación adecuada (márgenes, letra...) c) Se respeta la extensión máxima del trabajo d) Se presenta en la fecha correcta.	El TFG no cumple con 1 de los requisitos, es decir: a) No incluye uno de los apartados obligatorios b) incumple alguna de las reglas de maquetación Pero sí cumple con: c) Fecha de entrega correcta d) Respeta la extensión máxima	El TFG no cumple con 2 de los requisitos, es decir: a) No incluye uno de los apartados obligatorios b) Incumple con alguna regla de maquetación Pero sí cumple con: c) Fecha de entrega correcta d) Respeta la extensión máxima	El TFG no cumple con 3 de los requisitos, es decir: a) No incluye uno o más de los apartados obligatorios b) Incumple alguna regla de maquetación c) No respeta la extension máxima d) No entrega el TFG en la fecha correcta	10%
FUENTES	- Emplea un número sobresaliente de fuentes bibliográficas adecuadas para el tema que trabaja - Realiza un número muy adecuado de entrevistas a personas que pueden orientarle sobre la intervención, quedando el problema muy claro - Se cita correctamente la bibliografía y la documentación revisada según normas APA (tanto en Referencias Bibliográficas como dentro del texto)	- Emplea un número notable de fuentes bibliográficas adecuadas para el tema que trabaja - Realiza un número adecuado de entrevistas a personas que pueden orientarle sobre la intervención, quedando el problema claro - Se cita correctamente la bibliografía y la documentación revisada según normas APA (tanto en Referencias Bibliográficas como dentro del texto)	- La bibliografía empleada es la mínima - Las entrevistas realizadas son las mínimas, de modo que el problema queda algo confuso - Se cita correctamente la bibliografía y la documentación revisada según normas APA (tanto en Referencias Bibliográficas como dentro del texto)	Falla en algunos de estos aspectos: - La bibliografía empleada es la mínima - Las entrevistas realizadas son las mínimas, de modo que el problema queda algo confuso - Se cita correctamente la bibliografía y la documentación revisada según normas APA (tanto en Referencias Bibliográficas como dentro del texto)	10%
METODOLOGIA DE TFG DE INVESTIGACIÓN	OBJETIVOS: El TFG tiene unos objetivos muy claros, concretos, susceptibles de logro y evaluables; y están correctamente	OBJETIVOS: Son claros, concretos, susceptibles de logro y evaluables; y están	*Faltan 2 de los elementos:* OBJETIVOS: - Claros, concretos, susceptibles de logro y evaluables	Faltan 3 o más elementos: - OBJETIVOS *Claros, concretos, susceptibles de logro y	15%

	redactados y comienzan con infinitivos diferentes METODOLOGÍA: - Emplea un número muy adecuado de fuentes de información - Emplea muy adecuadamente diversas técnicas de investigación, teniendo en cuenta los objetivos y asegurando la confidencialidad de los y las informantes - Extrae el contenido de la información y lo cruza adecuadamente con la bibliografía - Con la investigación se abordan los aspectos esenciales del problema (plasmados en los objetivos)	correctamente redactados y comienzan con infinitivos diferentes METODOLOGÍA: - Universo y muestra - Técnicas e instrumentos - Procedimiento - Garantías éticas - Las técnicas de investigación son usadas teniendo en cuenta los objetivos de la investigación - Con la investigación se abordan los aspectos esenciales del problema (plasmados en los objetivos)	- Están correctamente redactados y comienzan con infinitivos diferentes METODOLOGÍA: - Universo y muestra - Técnicas e instrumentos - Procedimiento - Garantías éticas - Las técnicas de investigación son usadas teniendo en cuenta los objetivos de la investigación - -Con la investigación se abordan los aspectos esenciales del problema (plasmados en los objetivos)	evaluables *Están correctamente redactados y comienzan con infinitivos diferentes METODOLOGÍA - Universo y muestra - Técnicas e instrumentos - Procedimiento - Garantías éticas - Las técnicas de investigación son usadas teniendo en cuenta los objetivos de la investigación - Con la investigación se abordan los aspectos esenciales del problema (plasmados en los objetivos)	
METODOLOGÍA DE TFG DE INTERVENCIÓN	Se cumplen todos los criterios siguientes en todos los apartados: OBJETIVOS del TFG: Muy Claros, concretos, susceptibles de logro y evaluables. Están correctamente redactados y comienzan con infinitivos diferentes METODOLOGÍA del TFG: Adecuación muy buena de la metodología con los objetivos propuestos y el diagnóstico presentado DIAGNÓSTICO: Realiza una muy buena revisión bibliográfica y usa otras técnicas para recopilar información sobre el problema (observación, entrevistas, etc), garantizando la confidencialidad de los y las informantes. El diagnóstico presenta con mucha claridad el problema sobre el que se debe intervenir,	Se cumplen todos (menos uno) de los criterios siguientes en todos (menos uno) los apartados: OBJETIVOS del TFG: Claros, concretos, susceptibles de logro y evaluables. Están correctamente redactados y comienzan con infinitivos diferentes METODOLOGÍA del TFG: Adecuación buena de la metodología con los objetivos propuestos y el diagnóstico presentado DIAGNÓSTICO: Realiza una buena revisión bibliográfica y usa otras técnicas para recopilar información sobre el problema (observación, entrevistas, etc.), garantizando la confidencialidad de los y las informantes. El diagnóstico presenta con	Se cumplen todos (menos 2) de los criterios siguientes en todos (menos 2) los apartados: OBJETIVOS del TFG: Algo confusos, inconcretos, susceptibles de logro y evaluables. Están bastante bien redactados y comienzan con infinitivos diferentes METODOLOGÍA DEL TFG: Adecuación bastante buena de la metodología con los objetivos propuestos y el diagnóstico presentado DIAGNÓSTICO: Realiza una revisión bibliográfica limitada y no usa otras técnicas suficientes para recopilar información sobre el problema (observación, entrevistas, etc.), garantizando la confidencialidad de los y las informantes. En el diagnóstico se presenta algo confuso el problema sobre el que se debe	Se cumplen todos (menos 3) de los criterios siguientes en todos (menos 3) los apartados: OBJETIVOS del TFG: Confusos, inconcretos, difícilmente susceptibles de logro y difícilmente evaluables. Están incorrectamente redactados METODOLOGÍA DEL TFG: No hay una adecuación suficiente de la metodología con los objetivos propuestos y el diagnóstico presentado DIAGNÓSTICO: Realiza una revisión bibliográfica insuficiente y/o no usa otras técnicas suficientes para recopilar información sobre el problema (observación, entrevistas, etc.), garantizando la confidencialidad de los y las informantes. En el diagnóstico se presenta confuso el	**15%**

	analizando sus causas y empleando técnicas de diagnóstico (árbol de problemas, DAFO, etc) Con la investigación se abordan todos los aspectos esenciales del problema (plasmados en los objetivos) PLAN DE INTERVENCIÓN: - Fundamenta muy adecuadamente la necesidad de la intervención a partir del diagnóstico. - Planea objetivos para la intervención muy claros, concretos y medibles y en relación al diagnóstico elaborado - Plantea una metodología de intervención muy adecuada, con actividades, recursos, cronograma y un sistema de evaluación de cada actividad	claridad el problema sobre el que se debe intervenir, analizando sus causas y empleando técnicas de diagnóstico (árbol de problemas, DAFO, etc) En la investigación se abordan casi todos los aspectos esenciales del problema (plasmados en los objetivos) PLAN DE INTERVENCIÓN: - Fundamenta adecuadamente la necesidad de la intervención a partir del diagnóstico - Planea objetivos para la intervención claros, concretos y medibles y en relación al diagnóstico elaborado - Plantea una metodología de intervención adecuada, con actividades, recursos, cronograma y un sistema de evaluación de cada actividad	intervenir, analizando sus causas y empleando técnicas de diagnóstico (árbol de problemas, DAFO, etc.) Con la investigación faltan por abordar algunos aspectos esenciales del problema (plasmados en los objetivos) PLAN DE INTERVENCIÓN: - Fundamenta bastante bien la necesidad de la intervención a partir del diagnóstico - Planea objetivos para la intervención bastante claros, concretos y medibles y en relación al diagnóstico elaborado - Plantea una metodología de intervención bastante adecuada, con actividades, recursos, cronograma y un sistema de evaluación de cada actividad	problema sobre el que se debe intervenir, sin analizar todas sus causas y sin emplear técnicas de diagnóstico (árbol de problemas, DAFO, etc.) - Con la investigación faltan por abordar algunos aspectos esenciales del problema (plasmados en los objetivos) PLAN DE INTERVENCIÓN: - No fundamenta adecuadamente la necesidad de la intervención a partir del diagnóstico - Planea objetivos para la intervención no claros, concretos y medibles y no se realcionan con el diagnóstico elaborado	
CONTENIDO de TFG DE INVESTIGACIÓN	Se cumplen todos y cada uno de los siguientes criterios: TEMA: - Innovador y relevante para la disciplina (Trabajo Social, Sociología, etc.) - Claro y bien enfocado: Se destaca la idea principal y es respaldada con información detallada. DISCUSIÓN: se comparan los resultados con lo que dicen otros/as autores/as REDACCIÓN: correcta y cumple con las normas ortográficas y gramaticales ESTRUCTURACIÓN: La información está correctamente estructurada y ordenada	Se cumplen todos *menos uno* de los siguientes criterios: TEMA: - Innovador y relevante para la disciplina (Trabajo Social, Sociología, etc.)… - Claro y bien enfocado: se destaca la idea principal y es respaldada con información detallada DISCUSIÓN: se comparan los resultados con lo que dicen otros/as autores/as REDACCIÓN: correcta y cumple con las normas ortográficas y gramaticales ESTRUCTURACIÓN: La información está correctamente estructurada y ordenada	Se cumplen todos *menos dos* criterios: TEMA: -Innovador y relevante para la disciplina (Trabajo Social, Sociología, etc.) -Claro y bien enfocado: s e destaca la idea principal y es respaldada con información detallada. DISCUSIÓN: Sse comparan los resultados con lo que dicen otros/as autores/as REDACCIÓN: correcta y cumple con las normas ortográficas y gramaticales ESTRUCTURACIÓN: La información está correctamente estructurada y ordenada	Se cumplen todos *menos tres* criterios: TEMA: -Innovador y relevante para la disciplina (Trabajo Social, Sociología, etc.)…) -Claro y bien enfocado: se destaca la idea principal y es respaldada con información detallada. DISCUSIÓN: Sse comparan los resultados con lo que dicen otros/as autores/as REDACCIÓN: correcta y cumple con las normas ortográficas y gramaticales ESTRUCTURACIÓN: La información está correctamente estructurada y ordenada	15%
CONTENIDO DE TFG DE	Se cumplen todos y cada uno de los	Se cumplen todos *menos uno* de los siguientes criterios:	Se cumplen todos *menos dos* de los siguientes criterios:	Se cumplen todos *menos tres* de los siguientes criterios:	15%

INTERVENCIÓN	siguientes criterios: - Tema innovador y relevante para la disciplina (Trabajo Social u otra) - Tema claro y bien enfocado. Se destaca la idea principal y es respaldada con información detallada. - Está redactado de forma correcta y cumple con las normas ortográficas y gramaticales - La información está correctamente estructurada y ordenada - Con la investigación se abordan los aspectos esenciales del problema (plasmados en los objetivos)	- Tema innovador y relevante para la disciplina (Trabajo Social u otra) - Tema claro y bien enfocado. Se destaca la idea principal y es respaldada con información detallada - Está redactado de forma correcta y cumple con las normas ortográficas y gramaticales - La información está correctamente estructurada y ordenada - Con la investigación se abordan los aspectos esenciales del problema (plasmados en los objetivos)	- Tema innovador y relevante para la disciplina (Trabajo Social u otra) - Tema claro y bien enfocado. -Se destaca la idea principal y es respaldada con información detallada - Está redactado de forma correcta y cumple con las normas ortográficas y gramaticales - La información está correctamente estructurada y ordenada - Con la investigación se abordan los aspectos esenciales del problema (plasmados en los objetivos)	- Tema innovador y relevante para la disciplina (Trabajo Social u otra) - Tema claro y bien enfocado. - Se destaca la idea principal y es respaldada con información detallada - Está redactado de forma correcta y cumple con las normas ortográficas y gramaticales - La información está correctamente estructurada y ordenada - Con la investigación se abordan los aspectos esenciales del problema (plasmados en los objetivos)	
CONCLUSIONES	Cumple todos y cada uno de los siguientes criterios: - Fundamentada y se hace una crítica coherente con los anteriores contenidos - Incluye una síntesis relacionando los distintos aspectos abordados en el trabajo - Aborda la consecución de los objetivos planteados - Muestra reflexión crítica propia sobre el problema - Las conclusiones parten de los planteamientos esbozados en el trabajo (evitando especulaciones) - Aborda limitaciones del trabajo y líneas futuras de investigación	Cumple todos *menos uno* de los criterios: - Fundamentada y se hace una crítica coherente con los anteriores contenidos - Incluye una síntesis relacionando los distintos aspectos abordados en el trabajo - Aborda la consecución de los objetivos planteados - Muestra reflexión crítica propia sobre el problema - Las conclusiones parten de los planteamientos esbozados en el trabajo (evitando especulaciones) - Aborda limitaciones del trabajo y líneas futuras de investigación	Cumple todos *menos dos* de los criterios: - Fundamentada y se hace una crítica coherente con los anteriores contenidos - Incluye una síntesis relacionando los distintos aspectos abordados en el trabajo - Aborda la consecución de los objetivos planteados - Muestra reflexión crítica propia sobre el problema - Las conclusiones parten de los planteamientos esbozados en el trabajo (evitando especulaciones) - Aborda limitaciones del trabajo y líneas futuras de investigación	Incumple *tres o más* de los criterios: - Fundamentada y se hace una crítica coherente con los anteriores contenidos - Incluye una síntesis relacionando los distintos aspectos abordados en el trabajo - Aborda la consecución de los objetivos planteados - Muestra reflexión crítica propia sobre el problema - Las conclusiones parten de los planteamientos esbozados en el trabajo (evitando especulaciones) - Aborda limitaciones del trabajo y líneas futuras de investigación	10%
VINCULACION CON LA DISCIPLINA (TRABAJO SOCIAL O LA QUE CORRESPONDA)	Se vincula el TFG muy bien con la disciplina (Trabajo Social u otra)	Se vincula el TFG bien con la disciplina (Trabajo Social u otra)	El TFG se vincula sólo en algún aspecto con la disciplina (Trabajo Social u otra)	NO Se vincula el TFG con la disciplina (Trabajo Social u otra)	5%
TUTORÍAS DE SEGUIMIENTO	- Asiste a todas las tutorías - Escucha con interés e incorpora todas las orientaciones que le presenta la tutora o tutor	- Asiste a todas las tutorías - Casi siempre escucha con interés e incorpora casi todas las orientaciones que le presenta la tutora o el tutor	- No siempre asiste a las tutorías planificadas *o* A veces no escucha con interés o no incorpora las orientaciones que le presenta la tutora o el tutor	- No asiste a buena parte de las tutorías planificadas *y/o* Muchas veces no escucha con interés y/o no incorpora las orientaciones que le presenta el/la tutor/a	10%
ASISTENCIA A LOS TALLERES DE FORMACIÓN OBLIGATORIA	Asiste a todos los talleres formativos obligatorios	Asiste a todos los talleres formativos obligatorios *menos a uno*	Asiste a todos los talleres formativos obligatorios *menos a dos*	No asiste a ningún taller de formación obligatoria	5%
				TOTAL	80%

5.2.RÚBRICA PARA EVALUAR LA EXPOSICIÓN ORAL DEL TFG					
	Excelente (9-10)	**BUENO (7-8'99)**	**MEJORABLE (5-6'99)**	**HAY QUE MEJORAR**	
Claridad y fluidez expositiva (habilidades comunicativas, verbal y no verbal)	Exposición muy clara. Muy buena fluidez comunicativa	Exposición clara. Buena fluidez comunicativa	Exposición medianamente clara. Bastante fluidez comunicativa	Exposición no clara. Sin adecuada fluidez comunicativa	Máx 0'5 puntos
Capacidad de sintetizar y de dar a conocer los contenidos principales y las conclusiones del trabajo escrito adecuándose al tiempo que la Comisión le otorgue	- Muy buena capacidad de síntesis. - Da a conocer muy bien los contenidos principales y las conclusiones del trabajo escrito. - Se adecúa al tiempo de exposición	- Buena capacidad de síntesis. - Da a conocer bien los contenidos principales y las conclusiones del trabajo escrito. - Se adecúa al tiempo de exposición	- Mediana capacidad de síntesis. - Da a conocer bastante bien los contenidos principales y las conclusiones del trabajo escrito. y/o - Se pasa del tiempo de exposición	- Baja capacidad de síntesis. - Da a conocer confusamente los contenidos principales y las conclusiones del trabajo escrito. y/o - Se pasa del tiempo de exposición	Máx 0'5 puntos
Pertinencia y adecuación de las respuestas a las preguntas o comentarios efectuadas por la Comisión evaluadora	Responde muy adecuadamente a las preguntas o comentarios efectuadas por la Comisión	Responde adecuadamente a las preguntas o comentarios efectuadas por la Comisión	Responde medianamente bien a las preguntas o comentarios efectuadas por la Comisión	No responde adecuadamente a las preguntas y comentarios de la Comisión	Máx 0'5 puntos
Claridad y síntesis en el power point planteado, en el que figuran todos los apartados del TFG	Muy buena claridad y síntesis en el PowerPoint y En el PowerPoint figuran todos los apartados del TFG	Buena claridad y síntesis en el PowerPoint y/o En el PowerPoint figuran todos los apartados menos uno del TFG	Claridad y síntesis básicas en el PowerPoint y/o En el PowerPoint figuran todos los apartados menos dos del TFG	Poca claridad y baja capacidad de síntesis en el PowerPoint y/o En el PowerPoint faltan 3 o más apartados del TFG	Máx 0'5 puntos
PUNTUACIÓN MÁXIMA FINAL OBTENIDA					**2 puntos**

6. CONCLUSIONES

En definitiva, la evaluación del Trabajo Fin de Grado de las Ciencias Sociales y otras afines debe ser un proceso riguroso que combine criterios de calidad académica con la valoración de competencias profesionales. Por eso es importante que conozcas cómo se va a evaluar tu trabajo. Para ello te resultará útil la rúbrica de evaluación, pues te permitirá conocer los criterios que se van a seguir en la evaluación de tu trabajo. Además, la rúbrica mejorará la equidad en la evaluación y te ayudará a fomentar tu aprendizaje autónomo. Como herramienta pedagógica, la rúbrica no solo facilitará el proceso de evaluación, sino que también contribuirá a tu autoevaluación, a que puedas aprender de los errores, contribuyendo a hacer de ti una buena o buen profesional de lo Social, con mayor capacidad de análisis, comunicación y reflexión crítica.

EJERCICIOS DEL TEMA

❖ Enumera cuáles crees que son los criterios de evaluación más importantes para evaluar un TFG.

❖ A partir de la lectura del texto, escribe los aspectos que crees que debes evitar en un TFG.

CAPÍTULO 10. RECURSOS Y APOYOS

Laura Esteban Romaní y Manolo Salinas Tomás

Departamento de Trabajo Social y Servicios Sociales (Universitat de València)

1. ¿ESTARÉ SOLA/O EN ESTE PROCESO? ¿QUÉ APOYOS TENGO?

Cuando te enfrentas al TFG, es fácil pensar que estarás sola o solo ante el peligro. Pero no es así. Este proceso está pensado para que cuentes con apoyo, tanto desde la universidad como desde la figura de tu tutor/a, que te acompañará durante todo el camino, y, por supuesto, también de tus compañeras/os.

El tutor/a será la figura principal de acompañamiento, en quien encontrarás la supervisión y asesoramiento que necesites. Tu universidad seguramente pondrá a tu alcance talleres de TFG, recursos de investigación y cursos de metodología. Además, durante estos cuatro años, tus compañeras/os pueden ser una importante fuente de apoyo emocional y académico entre iguales.

A continuación, vamos a detallarte estos recursos.

2. LA SUPERVISIÓN DEL TFG

La supervisión docente en el Trabajo de Fin de Grado (TFG) es una parte fundamental del proceso de elaboración de tu trabajo. A través de ella, recibirás orientación, apoyo y retroalimentación por parte del profesorado asignado, lo que te ayudará a clarificar ideas sobre la elección del tema, estructurar el trabajo de manera adecuada —ajustándote a los criterios académicos exigidos—, mantener un ritmo constante y superar los posibles obstáculos que puedan surgir.

La supervisión también fomentará el desarrollo de habilidades críticas y de investigación, que, sin duda, serán extrapolables a tu futuro profesional.

2.1.Claves para una buena supervisión

2.1.1. Orientación clara y constante: La supervisión es un proceso que te va a ayudar a establecer objetivos claros, cumplir los plazos y clarificar expectativas en los siguientes aspectos:

2.1.2. Establecer objetivos específicos desde el principio: ¿Cómo?, definiendo claramente qué se espera del mismo, cuáles son las metas principales a conseguir y cuáles son los resultados que se esperan.

2.1.3. Planificar reuniones periódicas: La programación de encuentros regulares a través de tutorías individuales y/o grupales y entregas programadas, va a evitar que te estanques o desvíes en la propuesta y avances según lo acordado.

2.1.4. Proporcionar instrucciones detalladas: Asegúrate de que las indicaciones sean claras y comprensibles.

2.1.5. Mantener una comunicación abierta y cercana: Muéstrate proactivo y dispuesto a aceptar sugerencias. Recuerda que eres el responsable final de tu TFG y del proceso del mismo y que el profesorado que te tutoriza actúa como facilitador del proceso.

2.1.6. Revisión de redacción y estilo: Desde la supervisión se te ayudará a mejorar la calidad de la escritura, corrigiendo errores y sugiriendo mejoras en la presentación

2.1.7. Apoyo en la defensa: Se te va a acompañar en la preparación de una defensa adecuada y de garantías.

2.1.8. Retroalimentación constructiva: Un feedback adecuado debe enfatizar lo que estás haciendo bien del trabajo y en qué aspectos muestras debilidades, con el objetivo de tener una mirada de conjunto del mismo. Debe cumplir las siguientes reglas:

2.1.9. Ser específico y claro: Los comentarios genéricos aportan poca información. Por ejemplo, en lugar de decir simplemente "esto está mal", se puede utilizar un mensaje en el que se indique exactamente qué aspectos pueden mejorarse y por qué.

2.1.10. Enfocar en el trabajo, no en la persona: Señalando los aspectos a mejorar evitando comentarios que puedan percibirse como valoraciones negativas de la persona.

2.1.11. Destacar lo positivo: Se puede utilizar la técnica del "bocadillo". Se comienza señalando aspectos positivos del trabajo, se continúan con los aspectos mejorables y se termina con algo positivo que invite al alumnado a salir motivado de la sesión.

2.1.12. Respeto y empatía: Se espera de la figura docente, un tono amigable y comprensivo, que muestre interés genuino en el progreso del alumnado y disposición para ayudar.

2.1.13. Fomentar la reflexión: Se puede preguntar al estudiante qué piensa sobre las valoraciones y comentarios emitidos y cómo planea abordar las mejoras.

2.1.14. Fomento de la autonomía y la responsabilidad: El proceso de supervisión no conlleva asumir la responsabilidad del trabajo por parte de la figura docente. ¿De qué manera?:

2.1.15. Estableciendo metas claras y alcanzables: Define tus objetivos específicos de la manera más realista posible y siendo consciente de que la calidad de tu trabajo es más importante que la cantidad.

2.1.16. Planificación y la organización: Como ya hemos señalado, la elaboración de un cronograma de tareas puede ayudarte a gestionar tu tiempo de manera efectiva.

2.1.17. Fomentar la toma de decisiones: Guiado por las recomendaciones del profesorado que te tutoriza, has de responsabilizarte de la elección del tema de tu TFG, así como de la metodologías y enfoques que quieres darle al mismo.

2.1.18. Fomento de la reflexión y la autoevaluación: Has de ser capaz de evaluar tu propio progreso y aprender de los errores y equivocaciones de manera auto reflexiva.

3. PARTICULARIDADES DE LA SUPERVISIÓN DOCENTE EN EL ÁREA DE CONOCIMIENTO DE LAS CIENCIAS SOCIALES Y OTRAS AFINES.

Las diferencias existentes en un TFG en Ciencias Sociales u otras afines en relación a otras ramas del conocimiento radica en el enfoque, los objetivos y las características específicas de nuestra disciplina, que podemos sintetizar en los siguientes aspectos:

- Enfoque práctico y ético: En ciencias sociales y otras afines, serán clave, los aspectos éticos y la responsabilidad social. Tu TFG, sea o no de intervención, va a centrarse en las problemáticas que afectan a personas y colectivos, aplicando teorías y metodologías propias de nuestro campo y con un marcado carácter cualitativo. Si la elaboración del TFG coincide con tu periodo de prácticas, puede ser interesante la vinculación del mismo con la experiencia práctica, ayudándote así a integrar la teoría.

- Contexto social y humano: Desde la supervisión se te va a acompañar en la reflexión sobre casos reales y el impacto social que se genera, promoviendo una mirada crítica y ética hacia las realidades que enfrentan las y los profesionales.

- Metodologías cualitativas y participativas: En la elaboración de tu TFG, será común que utilices un enfoque cualitativo a través de entrevistas, observación participante y análisis contextual.

- Valoración de la práctica profesional: La supervisión busca fortalecer las habilidades prácticas como la empatía, la comunicación y la ética en la intervención social.

4. LA ACCIÓN TUTORIAL. MÁS ALLÁ DE RESOLVER DUDAS

4.1.¿Qué es eso de la 'acción tutorial'?

La tutoría es mucho más que un rato para resolver dudas. Es un espacio pensado para ayudarte a avanzar en tu aprendizaje de forma personalizada. De hecho, la acción tutorial forma parte de las funciones docentes oficiales del profesorado. En la Universitat de València, por ejemplo, el profesorado tiene asignadas unas horas específicas para realizar tutorías, ya sea de forma presencial o en línea.

Estas tutorías pueden organizarse de distintas formas (Universitat de València, 2005):

- Presenciales: el profesorado ofrece un horario de despacho abierto al estudiantado, que suele estar disponible en el aula virtual o en la web del departamento.
- En línea o por correo electrónico: en muchos casos también puedes escribir correos con dudas o enviar avances. La normativa recomienda que se responda en un plazo no superior a 48 horas lectivas.

Estas reuniones no son solo un complemento a las clases, sino un recurso educativo fundamental. Como señala el Servicio de Formación Permanente de la Universitat de València (2005, p. 50), la tutoría se puede definir como:

> "Una reunión entre docente y estudiantes (una/o o varios/as) con el objetivo de intercambiar información, analizar, orientar o valorar un problema o proyecto, debatir un tema o discutir cuestiones relevantes   para el desarrollo académico y personal del estudiante".

4.2.¿Y por qué son tan importantes en el TFG?

Porque el TFG no es un trabajo cualquiera. Requiere planificación, enfoque y constancia. Y en ese proceso, el tutor o la tutora cumple una función esencial: acompañarte en el camino, ayudarte a estructurar el proyecto, guiarte cuando te sientes perdida/o, y darte orientación sobre cómo mejorar.

Como señala Dopico-Rodríguez (2013), la tutoría permite al profesorado conocer mejor el proceso de aprendizaje del estudiantado, fomentando un desarrollo más autónomo y el trabajo de competencias clave, como la comunicación escrita o el pensamiento crítico. Además, en muchos casos, la tutoría se convierte en un espacio de confianza en el que también se pueden tratar dificultades más personales (Delgado-García et al., 2020), como bloqueos, problemas de salud o incluso cuestiones emocionales.

4.3.¿Qué pasa exactamente en una tutoría de TFG?

Buena pregunta. Aunque cada tutora o tutor tiene su estilo, hay algunos mínimos básicos que se suelen cumplir:

- Orientación sobre la temática seleccionada.

- Revisión de los objetivos del TFG.

- Orientación sobre la estructura y el formato.

- Supervisión de borradores.

- Seguimiento del calendario de trabajo.

- Asesoramiento sobre recursos.

- Resolución de dudas sobre la defensa oral del trabajo.

Hoy en día, la tutoría no se limita a reuniones individuales y presenciales en el despacho. Existen formatos muy diversos:

- Tutorías grupales: puede ser que tu tutor/a te invite a sesiones junto a otras compañeras/os a los que también tutorice. De esta manera, podréis conoceros, saber en qué está trabajando cada persona y crear un grupo de apoyo entre iguales para los momentos de bajón o de subidón.

- Tutoría en línea: aunque no sea la opción más recomendable, también existen tutorías online como forma de adaptarse a las distintas necesidades, horarios y circunstancias del estudiantado (Pineda et al., 2013).

4.4. ¿Quién me va a tutorizar?

En la Universitat de València, lo más habitual es que la persona que te tutorice sea alguien que ya te ha dado clase en alguna asignatura del grado y que tú misma hayas elegido. Esto tiene muchas ventajas: ya conoce tu recorrido académico, tu estilo de trabajo, y puede ayudarte a conectar lo que has aprendido durante la carrera con el tema que quieras investigar en tu TFG.

Recuerda que la tutoría es un espacio para ti: para hacer preguntas, compartir ideas, orientarte cuando tengas dudas y aprender a lo largo del proceso. No tengas miedo de pedir una reunión, escribir un correo o solicitar ayuda cuando la necesites.

4.5. Consejos prácticos para aprovechar la sesión de supervisión durante la tutoría

Prepárate bien para cada tutoría. Lleva preguntas concretas, un esquema, un resumen de lo que has hecho o tus dudas principales. Eso hará que el tiempo sea más provechoso y que tu tutor/a pueda ayudarte de manera más eficaz.

A modo de ejemplo, algunas preguntas que puedes formular durante la tutoría son las siguientes:

- ¿Cuál es la estructura recomendada para mi trabajo? Así podrás asegurarte de seguir un formato adecuado y claro.

- ¿Qué criterios específicos debo tener en cuenta para la selección y citación de las fuentes? Esto te ayudará a garantizar la calidad y la ética en el uso de referencias.

- ¿Cómo puedo definir claramente el problema de investigación y los objetivos del TFG? De este modo, enfocarás bien el trabajo y asegurarás su coherencia.

- ¿Qué metodología me recomiendas para abordar mi tema? Esto te permitirá escoger la estrategia más adecuada según el objeto de estudio.

- ¿Qué aspectos éticos debo considerar en mi investigación? Así cumplirás con los principios deontológicos y éticos requeridos.

- ¿Cómo puedo relacionar la teoría con la práctica que he vivido en las prácticas profesionales? Si has elegido vincular tus prácticas con el TFG, esto fortalecerá la integración entre ambos ámbitos.

- ¿Qué consejos me puedes dar para gestionar el tiempo y cumplir con los plazos? La experiencia del profesorado te puede ayudar a organizarte mejor y evitar retrasos.

- ¿Qué aspectos debo tener en cuenta en la presentación y defensa del TFG? De esta manera, podrás prepararte adecuadamente y comunicar tus ideas de forma clara y precisa.

- ¿Puedes recomendarme recursos, artículos o bibliografía adicional? Aunque tu tutora/or no sea experto/a en el tema exacto que has elegido, seguro podrá sugerirte materiales útiles para ampliar y profundizar en tu investigación.

- ¿Qué errores comunes debo evitar en la elaboración del TFG? Así podrás prevenir fallos frecuentes y mejorar la calidad de tu trabajo.

Del mismo modo, también puede ser interesante que reflexiones previamente a la tutoría inicial sobre cuáles son las cuestiones que podría plantearte tu tutor/a durante la sesión. Para ello, puedes intentar anticipar respuestas a preguntas como estas:

- ¿Puedes contarme brevemente de qué trata tu trabajo y cuáles son tus objetivos principales?

- ¿Cómo estás estructurando tu trabajo y qué avances has tenido hasta ahora?

- ¿Qué dificultades o desafíos has encontrado en el desarrollo de tu proyecto?

- ¿Qué fuentes o recursos estás utilizando para respaldar tu investigación?
- ¿Cómo planeas gestionar tu tiempo para cumplir con los plazos establecidos?
- ¿Tienes alguna duda o necesitas orientación en alguna parte específica de tu trabajo?
- ¿Has pensado en cómo vas a presentar tus resultados y conclusiones?
- ¿Qué aspectos consideras que son las mayores fortalezas de tu proyecto?
- ¿Hay alguna parte del trabajo en la que te gustaría recibir más apoyo o asesoramiento?
- ¿Qué pasos siguientes tienes previstos para seguir avanzando en tu trabajo?

5. SERVICIOS Y RECURSOS DISPONIBLES EN LA UNIVERSIDAD DE VALENCIA.

La Universitat de València (UV) –al igual que muchas otras- pone a tu disposición una variedad de servicios y recursos diseñados para acompañarte en la elaboración de tu TFG. A continuación, te detallamos los principales:

5.1. Cursos de metodología de investigación.

La UV ofrece cursos orientados a mejorar tus competencias metodológicas, esenciales para afrontar el TFG. A través de estos cursos aprenderás a formular preguntas de investigación, diseñar la metodología, recoger y analizar datos, y redactar tu trabajo académico.

5.2. Talleres sobre TFG.

En muchas facultades y departamentos de la UV se organizan talleres específicos pensados para ayudarte en la elaboración de tu TFG. En estos talleres podrás aprender, por ejemplo, cómo estructurar tu trabajo, cuáles son las normas de citación correctas, cómo usar herramientas de búsqueda bibliográfica o cómo preparar la defensa oral de tu TFG. Te recomiendo consultar la web de tu facultad y de tu universidad para ver qué talleres están disponibles.

5.3.Servicio de Bibliotecas.

El Servicio de Bibliotecas y Documentación de la UV –como de otras universidades-, también te ofrece formación específica para el TFG. Podrás aprender a buscar, evaluar, organizar y utilizar la información académica de manera eficaz.

Uno de los cursos más destacados es *AprènTFG*, que te enseña a buscar, evaluar y organizar la información necesaria para tu TFG. La matrícula está abierta para todo el estudiantado de grado. Puedes consultar más información sobre el curso AprènTFG aquí: Curso AprènTFG – UV: https://www.uv.es/uvweb/servei-biblioteques-documentacio/ca/novetats/matricula-oberta-2a-ed-cursos-aprencd-aprentfg-2024-2025-1285923456427/Novetat.html?id=1286407173757

Hacer un TFG es un reto, sí, pero no tienes que recorrerlo sola. Tu tutora/or está ahí para acompañarte, ayudarte a avanzar con confianza y motivarte cuando lo necesites. Y, sobre todo, caminará a tu lado respetando tu autonomía, apoyando tus decisiones y potenciando tu trabajo desde una mirada cercana y orientadora ya que será experta en la materia.

EJERCICIOS DEL TEMA

❖ Piensa en un tema que te gustaría trabajar y en cómo se lo vas a presentar a tu tutora/or de la manera más concreta posible (Tema, objetivos, metodología que te gustaría emplear…).

❖ Cuál crees que podría ser la estructura inicial de tu trabajo.

❖ Cómo vas a seleccionar a tus fuentes y cómo vas a llegar a ellas.

❖ Qué aspectos éticos piensas que deberás tener en cuenta en tu TFG.

REFERENCIAS BIBLIOGRÁFICAS

American Psychological Association. (2020). *Publication manual of the American Psychological Association* (7.ª ed.). American Psychological Association.

American Psychological Association. (2023). *Inclusive Language Guide* (2nd ed.). https://www.apa.org/about/apa/equity-diversity-inclusion/language-guidelines

Andrade, H. (2005). *Teaching with rubrics: The good, the bad, and the ugly*. College Teaching, 53(1), 27-31.

Atkinson, R., y Da Voudi, S. (2000). The concept of social exclusion in the European Union: context, development and possibilities. *JCMS: Journal of Common Market Studies*, 38(3), 427-448. https://doi.org/10.1111/1468-5965.00229

Ávila, G. J. (2021). Diagnóstico social en trabajo social: conceptos clave y metodología para su elaboración. *Margen: Revista de Trabajo Social y Ciencias Sociales*, (100), 1-28. https://www.margen.org/suscri/margen100/Avila-100.pdf

Biggs, J., & Tang, C. (2011). *Teaching for quality learning at university: What the student does*. Open University Press.

Boote, D. N. y Beile, P. (2005). Scholars before researchers: En la centralidad de la disertación literatura review en research preparation. *Educational Researcher*, *34*(6), pp. 3-15. https://doi.org/10.3102/0013189X034006003

Cohen, L., Manion, L., & Morrison, K. (2018). *Research methods in education* (8.ª ed.). Routledge.

Curbelo, E. (2023). *El Trabajo de Fin de Grado en el Grado en Trabajo Social: Pinceladas para el abordaje del trabajo documental*. Trabajo Social Hoy, 94(29-47).

Delgado-García, M., García-Rodríguez, M., & González-Fernández, B. (2020). La acción tutorial universitaria como factor de éxito académico. *Revista de Educación y Desarrollo*.

Dopico-Rodríguez, M. (2013). La tutoría universitaria en el EEES: modelo, retos y propuestas. *Revista Complutense de Educación*, *24*(1), 95-114.

Fernández March, A. (2022). *La evaluación orientada al aprendizaje en un modelo de formación por competencias en la educación universitaria*. Revista de Docencia Universitaria, 8(1), 11-34.

Finch, J., Jönsson, J. H., Kamali, M. y McKendrick, D. (2019). Social work and countering violent extremism in Sweden and the UK. *European Journal of Social Work*, *25*(1), 119-130. https://doi.org/10.1080/13691457.2019.1657803

García, M. (2017). *Metodología de la investigación en Trabajo Social*. Editorial Universidad.

García, M. (2018). *Metodología para la supervisión del trabajo fin de grado*. Editorial Universitaria.

González García, Juana María; León Mejía, Ana; Peñalba Sotorrío, Mercedes. (2014). *Cómo escribir un Trabajo de Fin de Grado: algunas experiencias y consejos prácticos*. Síntesis

González Teruel, A. [Aurora] y González Alcaide, G. [Gregorio]. (noviembre de 2020). Recursos de interés. En G. [Gregorio] González, J. [Javier] Gómez, C. [Carmen] Corna, A. [Aurora] González y F. [Francisca] Abad, *Plagio en trabajos académicos: diagnóstico y prevención* (pp. 50-58). Universitat de València. https://roderic.uv.es/rest/api/core/bitstreams/2e2f1929-d108-43d3-ad69-2fa1eddc0c79/content

Hernández, R., Fernández, C., & Baptista, P. (2014). *Metodología de la investigación* (6.ª ed.). McGraw-Hill.

Instituto de la Mujer y para la Igualdad de Oportunidades. (2019). *Guía para la elaboración del trabajo fin de grado en Trabajo Social*. Instituto de la Mujer.

Irons, A. (2007). *Enhancing learning through formative assessment and feedback*. Routledge.

López, M., & Pérez, A. (2015). *El trabajo de fin de grado en Trabajo Social: Guía para su elaboración y supervisión*. Editorial Académica.

Martínez-Fuentes, & M. T.Pastor, E., (2014). *El Trabajo Fin de Grado en la Facultad de Trabajo Social de la Universidad de Murcia*. Revista Internacional de Trabajo Social y Bienestar, 3, 83-91.

Normas de la Universidad. (2023). *Guía para la elaboración y presentación del trabajo fin de grado*. Universitat de València.

OpenAI. (2025). *ChatGPT* (versión de mayo) [Modelo de Lenguaje de Gran Tamaño]. https://chat.openai.com/chat

Petersson, C. C. y Hansson, K. (2022). Social Work responses to domestic violence during the COVID-19 pandemic: Experiences and perspectives of professionals at women's shelters in Sweden. *Clinical Social Work Journal, 50*, 135-146. https://doi.org/10.1007/s10615-022-00833-3

Pineda, P., Quesada, V., & Escofet, A. (2013). Tutoría y mentoría en la universidad: nuevas prácticas para nuevos tiempos. *Educación XX1, 16*(2), 101-120.

Reyes García, C.I. (2013). La evaluación del Trabajo de Fin de Grado a través de la rúbrica. *El Guiniguada,* 22, 130-148.

Sadler, D. R. (1989). *Formative assessment and the design of instructional systems.* Instructional Science, 18(2), 119-144.

Scallon, G. (2000). *L'évaluation des apprentissages dans une approche par compétences.* De Boeck.

Sánchez, J. S., Ormaechea, S. L. y Ramos, B. L. (2018). Analysis of the subject Final Degree Project (FDP) in Spanish communication sciences degrees. *Revista Española de Documentación Científica, 41*(4), 1–13. https://doi.org/10.3989/redc.2018.4.1561

Steffens, G., & Cadiat, A. C. (2016). *Los criterios SMART: El método para fijar objetivos con éxito*. 50Minutos. es.

Tardif, J. (2006). *L'évaluation des compétences: Documenter le parcours de développement*. Chenelière Éducation.

Universitat de València. (2005). *Servicio de Formación Permanente*. Universitat de València.

Datos de las autoras y de los autores

ENRIC SIGALAT SIGNES enrique.sigalat@uv.es

ORCID: https://orcid.org/0000-0001-8146-0532

Doctor en Sociología. Profesor del Departamento de Trabajo Social y Servicios Sociales de la Universitat de València. Investigador del Instituto Interuniversitario de Desarrollo Local de la Universitat de València.

MARÍA JESÚS BERLANGA m.jesus.berlanga@uv.es

ORCID: http://orcid.org/0000-0001-8805-9127

Doctora en Cooperación al Desarrollo. Licenciada en Antropología Social y Cultural. Graduada en Trabajo Social. Profesora del departamento de Trabajo Social y Servicios Sociales de la Universidad de Valencia. Miembro de InMIDE, Grupo de Investigación en Migración y Procesos de Desarrollo.

ANGEL JOEL MÉNDEZ LÓPEZ menanjo@uv.es, oelopez1975@yahoo.es

ORCID: http://orcid.org/0000-0001-6587-580X

Doctor en Cooperación al Desarrollo y Doctor en Ciencias Sociales. Profesor de la Universitat de València, Departamento de Trabajo Social y Servicios Sociales. Investigador del Instituto Interuniversitario de Desarrollo Local de la Universitat de València.

ELENA MATAMALA elena.matamala@uv.es

ORCID: https://orcid.org/0009-0005-3626-1987

Doctora en Ciencias Sociales y Profesora de la Universitat de València, Departamento de Trabajo Social y Servicios Sociales. Ha combinado la experiencia académica e investigadora con la intervención en el ámbito de sinhogarismo.

ÁNGELA CARBONELL Angela.Carbonell@uv.es

ORCID: https://orcid.org/0000-0003-2180-4123

Doctora en Ciencias Sociales. Profesora del Departamento de Trabajo Social y Servicios Sociales de la Universitat de València. Investigadora del Grupo de Estudios Sociales Intervención e Innovación - GESinn (GIUV2015-241)

ANDREA SIXTO andrea.sixto@uv.es

ORCID: 0000-0001-9162-8992

Doctora por la Facultat de Medicina y Odontología. Profesora del Departamento de Trabajo Social y Servicios Sociales de la Universitat de València. Investigadora del Grupo UISYS - Unidad de Investigación e información Social y Sanitaria (https://www.uv.es/uisys)

ISABEL ROYO isabel.royo@uv.es

ORCID: https://orcid.org/0000-0002-6739-381X

DEA-Diplomada en Estudios Avanzados Bienestar, Cooperación y Desarrollo Local, Licenciada en Sociología y Diplomada en Trabajo Social. Profesora Titular de la Universitat de València, Departamento de Trabajo Social y Servicios Sociales. Miembro de InMIDE, Grupo de Investigación en Migración y Procesos de Desarrollo.

MERCEDES BOTIJA mercedes.botija@uv.es

ORCID: https://orcid.org/0000-0002-3414-5529

Doctora en Ciencias Sociales, Graduada en Trabajo Social y Licenciada en Humanidades. Profesora Titular del Departamento de Trabajo Social y Servicios Sociales. Universitat de València

LAURA ESTEBAN ROMANÍ laura.esteban@uv.es

https://orcid.org/0000-0002-3917-8311

Doctora en Ciencias. Personal Docente Investigador de la Universidad de Valencia en el Departamento de Trabajo Social y Servicios Sociales

MANOLO SALINAS TOMÁS Manuel.salinas@uv.es

ORCID: https://orcid.org/0000-0002-3343-2841

Doctor en Economía Social. Profesor del Departamento de Trabajo Social y Servicios Sociales de la Universitat de València

Autora de los dibujos:

PAU SIGALAT LLISO